本书获川北医学院习近平新时代中国特色社会主义思
学习研究中心重大委托项目"思想政治理论课社会实
（项目编号：2023WT002）资助

青春在实践中飞扬

——川北医学院思想政治理论课社会实践成果集萃（2022年）

张　玲　主编

西南财经大学出版社

中国·成都

图书在版编目(CIP)数据

青春在实践中飞扬:川北医学院思想政治理论课社会实践
成果集萃:2022年/张玲主编.—成都:西南财经大学出版社,
2023.12
ISBN 978-7-5504-5968-7

I.①青… II.①张… III.①医学院校—思想政治教育—社会
实践—南充—文集—2022 IV.①G641-53

中国国家版本馆 CIP 数据核字(2023)第 209990 号

**青春在实践中飞扬——川北医学院思想政治理论课
社会实践成果集萃(2022 年)**

QINGCHUN ZAI SHIJIAN ZHONG FEIYANG——CHUANBEI YIXUEYUAN SIXIANG ZHENGZHI LILUN KE
SHEHUI SHIJIAN CHENGGUO JICUI(2022NIAN)

张玲 主编

责任编辑:王 利
责任校对:植 苗
封面设计:墨创文化
责任印制:朱曼丽

出版发行	西南财经大学出版社(四川省成都市光华村街55号)
网 址	http://cbs.swufe.edu.cn
电子邮件	bookcj@swufe.edu.cn
邮政编码	610074
电 话	028-87353785
照 排	四川胜翔数码印务设计有限公司
印 刷	四川五洲彩印有限责任公司
成品尺寸	170mm×240mm
印 张	9.5
字 数	155 千字
版 次	2023 年 12 月第 1 版
印 次	2023 年 12 月第 1 次印刷
书 号	ISBN 978-7-5504-5968-7
定 价	68.00 元

前言

在新时代，提升高校思想政治教育工作质量，推动思想政治教育理论课改革创新，要坚持理论性和实践性相统一，高度重视思想政治理论课的实践性，把思政小课堂同社会大课堂结合起来，创办形式多样的"行走课堂"。思想政治教育理论课社会实践能够帮助大学生客观真实地了解社会、认识自我，在理论联系实际中，引导学生坚定马克思主义信仰，坚定社会主义和共产主义理想信念，增强中国特色社会主义道路自信、理论自信、制度自信、文化自信，厚植爱国主义情怀，在服务社会中，心怀"国之大者"，锤炼意志品质，增强做中国人的志气、骨气、底气，不负时代，不负韶华，自觉为实现中华民族伟大复兴的"中国梦"奉献青春、智慧和力量。

自2011年起，川北医学院就把"两课社会实践"作为必修课程单独开设，实现了在校学生社会实践教学的全覆盖。学校全面统筹各领域、各环节、各方面的资源和力量，加强体制机制、项目布局、队伍建设、条件保障等方面的系统设计，分析研判思想政治理论课实践教学存在的困难与问题，协调推进教学任务的落地落实。学校积极整合实践资源，拓展实践平台，依托高新技术开发区、大学科技园、城市社区、农村乡镇、工矿企业、爱国主义教育场所等，建立多种形式的社会实践、创业实习基地。学校努力丰富实践内容，创新实践形式，广泛开展社会调查、生产劳动、社会公益、志愿服务、科技发明、勤工助学等社会实践活动，深入开展"青年红色筑梦之旅""'小我融入大我，青春献给祖国'主题社会实践"等活动。学校积极推动构建政府、社会、学校协同联动的"实践育人共同体",加强劳动教育,不断增强思想政治理论课社会实践教学的实效性和学生获得感。

2022年暑假期间,我校2020级本科、2021级专科各专业学生克服疫情防控带来的诸多不便,以团队或个人方式,前往社会需要的各个领域、各个环节、各个方面,开展内容丰富、形式多样的思想政治理论课社会实践服务活动。在推动党史学习教育常态化长效化、喜迎党的二十大的时代背景下,同学们明确了社会实践路线图、时间表和施工图,走出课堂,实学实干,敢担当、能吃苦、肯奋斗,踔厉奋发、勇毅前行,使青春在全面建设中国特色社会主义现代化国家的火热实践中绽放光芒。

本书由多篇社会实践报告汇编而成,分为调研报告类、实践感悟类、单位实习类、红色思政类。这些优秀社会实践报告是我们从近4 000份社会实践报告中精选出来的。"纸上得来终觉浅,绝知此事要躬行。"青年学生可以从这些实践报告中获得启发、汲取力量,把人生抱负落实到脚踏实地的实际行动中,让青春在为祖国、为民族、为人民、为人类的不懈奋斗中,在以中国式现代化全面推进中华民族伟大复兴的伟大实践征程中绽放出绚丽之花。

本书在编写过程中得到了学校各职能部门、各二级院(系)尤其是马克思主义学院全体教师以及全校同学的大力支持,得到了西南财经大学出版社的热情帮助,在此一并表示诚挚的谢意!由于编者水平有限,时间仓促,错误在所难免,敬请读者朋友提出宝贵的批评意见。

特别说明:本书获川北医学院习近平新时代中国特色社会主义思想学习研究中心重大委托项目"思想政治理论课社会实践成果研究"(项目编号:2023WT002)资助。

编者

2023 年 8 月

目录

调研报告类

实践感悟类

单位实习类

红色思政类

调研报告类

农村发展现状调研：问题与对策

——以清莲村为例

2020 级护理 13 班　李媛媛

一、研究目的

在实践调研中，笔者从多个角度把握清莲村的发展现状及变化，分析该村的政策体系建设、经济发展、文化传承、人口流动等情况与存在的问题，并为其发展提出对策，以促进该村因地制宜发展。

二、清莲村基本情况及发展现状

本次社会实践地点在四川省巴中市巴州区宕梁街道清莲村，该村距离巴中城区 8 千米，耕地面积 1 200 亩（1 亩 ≈ 666.67 平方米），林地面积 3 300 亩，辖 7 个村民小组，农业人口基数 1 803 人。

该村属于摘帽贫困村，农民收入以种植业为主。全村建档立卡贫困户 83 户 273 人。2016 年，全村脱贫 68 户 231 人。2017—2021 年，该村全面致力于脱贫攻坚。在此期间，全村建设了 2 个易地搬迁扶贫点，共安置 67 户 237 人，随迁非贫困户 45 户 167 人。在国家政策支持下，该村基础设施建设得到极大改善，同时经济发展方式也发生了转变，从事非农产业人数和比重持续上升（在 2021 年之前，外出务工人员增多），劳动就业面不断拓宽，文化设施建设、政策支持、村民期待都有利于该村政治、经济、文化的转变与发展。由于人口外流严重，此数据主要参考前几年该村村民自治委员会搜集的数据，与实际数据有一些出入，但是总体来看相差不大。

（一）农村基础设施建设情况

（1）近年来国家加大了对农村基础设施建设的投入，大部分路面由以前的泥土路改造成了铺装路，交通出行条件得到极大改善。例如，巴中南环线建设、省道302线建设、易地搬迁扶贫乡村道路建设。

（2）实施"安全饮水"工程，村组就近安装了自来水，从水井取水在该村已经少见，饮水安全得到了保障。

（3）传统的烧柴方式被煤、气、电代替，村民生活更加方便，生活方式与观念也得到改变。

（二）农村基层治理建设与政策落实情况

（1）该村党务、村务制度，队伍治理制度不断完善。民主选举、民主决策、民主管理、民主监督，村民积极参与集体事务，为清莲村建设建言献策，促进政策落实。村委工作人员密切关注民意，经常进行入户走访调查。清莲村社情民意走访入户调查表详见附件一。

（2）全村建档立卡贫困户83户273人。该村工作人员通过入户调查，根据贫困户家庭现状、致贫原因、发展潜能、变化趋势等因素，明确具体标准，把贫困户划分为一般贫困户、低保贫困户、"五保"贫困户。将有劳动能力的贫困户列入扶贫开发对象，无劳动能力的农户则通过社会保障政策解决，确保农村低保户、困难户得到精准救助。党中央开展"精准扶贫"工作以来，全村贫困户家庭脱贫攻坚工作也有序推进。贫困划分标准详见附件二。

（3）积极推进易地搬迁扶贫工作，让该村群众由分散居住到统一居住，全村建设了2个易地搬迁扶贫点：中心村1个，小组团1个，共安置67户237人，随迁非贫困户45户167人。2017年建成统规联建的集中安置点，村民自治委员会集中统一管理，配套饮水、用电、电视、网络、通信等基础设施。

（三）经济发展方式及农民收入情况

1. 农业转型发展：由分散走向规模化集聚

清莲村以往以单种果树（柑橘）为主，农户家庭经营收入少，外出务工是家庭收入的主要来源。以该村某社为例，人口143人，水田面积48.76亩（其中柑橘种植面积大约占70%），至今仅5户耕种少量土地，用于日常生活所需，其余农户家庭主要劳动力均外出务工。通过对清莲村在外务工人员的大致调查，笔者发现，由于文化水平普遍不高，他们大多集中在劳动密集型产业且工资待遇不高，收入差异大且不稳定。

近年来，该村进行土地流转，土地流转从单一形式转变为出租、转包、互换、入股等多种形式并存。农业种植规模由零零散散走向规模化基地与农民合作，在农业转型发展的同时，当地农户也从参与企业农业种植工作中获得收入。

2022年，当地村委会邀请巴中市巴州区农技站专业人员对村民大豆—玉米袋装复合物种植技术与其他农作物种植技术进行现场教学，传授因地农业种植技巧，农业发展更加具有科学性。

2. 发展第三产业——旅游资源的初步开发

巴中市南环线与省道302线过境公路的修建为该村旅游业的发展创造了交通条件，吸引了旅游投资公司来此打造多植物生态农业园。当地有地势原因形成的天然纳凉洞——清凉洞，独特的资源构成其旅游的优势，也成为其发展的重要动力与经济增长点。

（四）人口流动情况——由外出务工到返乡发展

由前面的经济发展方式可知，以往发展单一农业生产时，该村农户家庭主要劳动力大多外出务工，人口外流严重。近年来，随着该村经济发展方式的转变与城镇化的发展，人口不断回流，出现了"返乡潮"。

三、当前清莲村发展中存在的问题

（一）农村基础设施依然薄弱

1. 医疗卫生资源严重缺乏

清莲村只有一个诊所，该诊所仅配备了 1 名乡村医生，以满足该村村民小病就医和一些慢性病的辅助治疗。遇到较严重疾病，村民一般自行乘车 30 分钟左右前往市内医院治疗。

总的来看，由于清莲村医疗条件薄弱，医生医疗水平低，许多病人患有重大疾病拖延不治，导致疾病恶化，进而因病致贫的现象时有发生。

2. 教育资源缺乏，青少年教育问题突出

该村学校已停办多年且无实际教学设施修建。在此次农村调研实践中，笔者得出阻碍清莲村教育建设的四个原因：第一，经济发展不好，人口外流严重；第二，该村无办学条件；第三，居住环境、教育环境、福利待遇差，教师任职意愿低，师资缺乏；第四，上级政府减少了对农村教育的资助。

该村留守儿童多，缺乏父母与学校的教育与引导，各种问题突出。在此次调研中，笔者了解到一位青年，他是自小被人领养的，由于父辈缺乏教育与引导能力，无力管教孩子，此青年自小缺乏教育与引导，导致此青年从小辍学，并开始从事不良活动，最终走上了犯罪的道路。

3. 用电仍受制约且村民安全意识淡薄

村民传统生活方式与观念在逐渐转变。农村用电量增多，但电力基础设施不完善，导致频繁停电。现在电力线路虽已普及，但其质量不高。该村留守人员多为老人与小孩，其用电安全意识淡薄，用电安全知识匮乏，且用电设备质量较差，容易发生触电、火灾事故，危害村民人身与财产安全。

（二）该村村民收入增长不快且不稳定

近年来，该村村民人均可支配收入增长不明显且受疫情影响而极不稳定。在疫情影响下，该村将近70%村民又走上进城务工道路以挣钱贴补家用，导致人口再次大量外流。

该村农业现代化发展不成熟且模式单一，新兴产业发展动力不足，工业缺乏，创新能力弱，乡村发展缺乏独特性。

（三）该村文化传承断裂

7年前，该村每到春节时会举行文化活动，在展示和传承传统文化的同时，加强了邻里关系。但近几年该活动逐渐消失，邻里关系不如以前。

四、对策与建议

（一）改善基础设施

（1）改善医疗设备与医疗环境，设置专门医疗地点，引进相关专业人员。建议申请区、乡政府财政拨款或呼吁社会资助，优化该村医疗卫生条件。

（2）加强农村教育建设，改善办学教学条件，建议申请义务教育财政资金，修建专门小学，吸引相关教育人员。

（3）加强用电基础设施建设，增加线路维护次数，进行用电安全知识宣传，保护村民人身与财产安全。

（二）提升村民收入

（1）加大基础设施建设力度，改善生产生活条件。

（2）拓宽增收领域，大力发展农村二、三产业，加快农村劳动力转移，促进村民增收。

（3）引进企业，解决该村剩余劳动力出路，实现科学化发展，增加村民收入。

（三）加强文化传承

当地村组织应积极举办相关活动，促进邻里团结，在交流、宣传中提升村民的文化认同感、归属感。

五、附件

附件一 清莲村社情民意走访入户调查表

走访地点：　　　　　　　　　　　　　　　　走访时间：

被走访人姓名		家庭住址		联系电话	
家庭人口		贫困户类型			
评价内容	评价等次				备注
	非常满意	满意	不满意	存在的问题	
1. 您对农村道路交通					
2. 您对农业产业发展					
3. 您对家庭住房安全					
4. 您对农村环境卫生					
5. 您对农村社会风气					
6. 您对农村教育政策					
7. 您对看病就医政策					
8. 您对惠农政策					
9. 您对农村低保评定					
10. 您对农村用电用水与通信					
11. 您对乡村干部办事效率和工作作风					
12. 您对党委、政府和村委会的意见与建议					
被走访人签字（盖章）：					

工作组长：　　　　　　　　　　　　　　　　填表人：

附件二　贫困划分标准

贫困等级	一级	二级	三级
家庭现状			
致贫原因			
发展潜能			
变化趋势			
总和			

注：根据实际考察情况，结合相关图表进行贫困分类。

参考文献

［1］梁健，张小虎. 分类治理：乡村振兴视域下贫困治理新机制探索：基于西部 C 村的实证研究［J］. 兰州学刊，2021（5）：130-143.

［2］马天恩. 以乡镇卫生院为主体，加强农村医疗卫生建设的研讨［J］. 中国医院管理，1996（3）：10-12.

［3］习近平. 决胜全面建成小康社会 夺取新时代中国特色社会主义伟大胜利［J］. 中国民族，2017（11）：1.

武胜县乐善镇老年人精神状况及影响因素调研报告

2020 级临床医学 13 班　杨文宾

一、调研主题

武胜县乐善镇老年人精神状况及影响因素调查研究。

二、调研背景

当前我国人口老龄化趋势逐渐加深。第七次全国人口普查数据显示，60 周岁及以上人口为 264 018 766 人，占人口总数的 18.70%，相较于 2010 年的第六次全国人口普查数据，其比重上升 5.44 个百分点。四川省 60 周岁以上老年人群体占比 21.71%，排全国第七名，为人口老龄化大省。我国属于老龄化速度较快的国家，且将持续保持相对较快的老龄人口增长速度。《国家积极应对人口老龄化中长期规划》《健康中国 2030 计划》明确指出，应对人口老龄化已经成为国家战略目标之一。由此可见，如何减少相应因素对老年群体心理状况的影响，使老年群体健康平稳度过晚年，已经成为业界重点研究方向之一。本研究旨在通过心理健康活动的科普宣讲，对乐善镇老年人群体进行问卷调查，调查影响当地老年人群体心理状况的环境因素，并对其进行分析与研究，以便为后期干预和改善老年群体心理状况提供理论依据。

三、调研目的

探讨、分析、研究影响老年人精神状况的因素，改善、提高老年群体晚年生活质量，为相关部门提供理论参考依据，帮助完善相关法律法规，创造更加和谐美好的老年生活环境。

四、调研范围

（1）时间：2022 年 7 月 11 日至 2022 年 7 月 18 日。

（2）地理范围：四川省广安市武胜县乐善镇。

五、被调查对象

笔者采用随机抽样的方法，在广安市武胜县乐善镇随机抽取 4 个社区，将符合调查标准的老年人作为研究的对象，并采用线下问卷访谈调查的方式进行数据搜集。研究的对象纳入标准：年龄在 60 周岁以上的老年人；精神状况良好；能够配合调查并提供知情同意书。排除标准：调查年龄范围外；拒绝配合的老年人。

六、调研安排

（一）准备阶段

笔者通过查阅相应资料和文献的方式，基本了解影响老年群体心理状况的影响因素，提前准备好大致调研方案。

（二）具体了解

笔者通过向乐善镇镇政府了解乐善镇实际人群分布、年龄范围等具体情况，对方案进行相应的调整。

（三）实施调查

笔者通过前期设计调整的问卷对乐善镇的老年人群体进行问卷访谈调查，了解实际具体情况。

（四）分析结果

笔者对得到的问卷数据使用相应分析手段，分析和研究具体影响因素。

七、调研方法

（一）调查资料回收

本次调查共在乐善镇发放问卷 157 份，收回有效问卷 144 份。被调查对象主要来自四川省广安市武胜县乐善镇。

（二）调查统计方法

笔者采用随机整群抽样选取武胜县乐善镇符合纳入标准的老年人。观察指标：

（1）人口学情况：主要搜集被调查对象的性别、年龄、家庭地址、文化程度等基本情况。

（2）老人的心理健康状况调查选用症状自评量表（PHQ-9）：调查当地老年群体的抑郁情绪状况和抑郁程度的深浅。

（3）调查采用症状自评量表（PSQI）：调查当地老年群体的睡眠质量情况，并进行等级划分。本次采用 Excel 进行数据的搜集和初步处理，使用 SPSS22.0 统计学软件分析数据。$P<0.05$ 则表明具有差异，存在统计学意义。

八、调研结果及分析

（一）被调查对象的基本情况

本次调研共发放 157 份问卷，收回有效问卷 144 份。被调查对象绝大多数来自四川省广安市武胜县乐善镇，少数被调查对象来自遂宁、南充等周边地区。被调查对象以男性居多，共计 97 人，占比 67.4%。在年龄范围内，60~80 周岁之间的老年人占绝大多数。在身体状况上，身体状况一般者占比最多，共计 84 人，占比 58.3%；其次为身体状况较差者，占比 33.3%，共计 48 人。被调查对象文化程度总体不高，不识字或者识字少的文盲占绝大多数。就生活满意度来看，91.7% 的被调查对象觉得每天过得都幸福，对生活感到比较满意，整体生活幸福感较强。

（二）被调查对象精神健康健康状况测试

1. 精神健康状况测试（PHQ-9）

本量表的主要统计指标为总分，PHQ-9（9项患者健康问卷）的总分范围为0~27分。PHQ-9（9项患者健康问卷）的总分可以用来评估抑郁症状的严重程度：0~4分者无抑郁症状，5~9分者为轻度抑郁，10~14分者为中度抑郁，15分以上者为重度抑郁。

调查结果显示，144名被调查对象总体表现为轻度抑郁，分值以7分为多，其中有轻度抑郁症状者96名，占比66.66%；有中度抑郁症状者24名，占比16.67%；无抑郁症状者24名，占比16.67%。调查结果显示，武胜县乐善镇老年人精神状况以轻度抑郁为主，一般不影响其正常生活和工作。最终调查结果详见表1。

表1　乐善镇老年人精神健康状况测试结果

测试题目	完全不会	有几天	一半以上的日子	几乎每天
1.做什么事都感到没有兴趣或乐趣	36人（25%）	72人（50%）	12人（8.33%）	24人（16.67%）
2.感到心情低落	84人（58.33%）	36人（25%）	0	24人（16.67%）
3.入睡困难、很难熟睡或睡太久	60人（41.67%）	12人（8.33%）	48人（33.33%）	24人（16.67%）
4.感到疲劳或无精打采	60人（41.67%）	48人（33.33%）	24人（16.67%）	12人（8.33%）
5.胃口不好或吃太多	72人（50%）	12人（8.33%）	24人（16.67%）	36人（25%）
6.觉得自己很糟，或很失败，或让自己或家人失望	120人（83.33%）	12人（8.33%）	0	12人（8.33%）
7.注意力很难集中，例如阅读报纸或看电视	96人（66.67%）	12人（8.33%）	24人（16.67%）	12人（8.33%）
8.动作或说话速度缓慢到别人可察觉的程度，或正好相反:烦躁或坐立不安,动来动去的情况比平常更严重	96人（66.67%）	36人（25%）	12人（8.33%）	0
9.有不如死掉或用某种方式伤害自己的念头	108人（75%）	24人（16.67%）	0	12人（8.33%）

2. 睡眠质量测试量表（PSQI）

PSQI 用于评定被调查对象最近 1 个月的睡眠质量，分值越高，睡眠质量越差。<10 分表示睡眠质量好，10～17 分表示睡眠质量一般，18～27 分表示睡眠质量差，>28 分表示睡眠质量很差。

调查结果显示，睡眠质量好的有 60 人，占比 41.7%；睡眠质量一般的有 60 人，占比 41.7%；睡眠质量差的有 24 人，占比 16.6%，被调查对象总体睡眠质量较好。最终调查结果详见表 2。

表 2　乐善镇老年人睡眠质量测试结果

睡眠情况	无	<1 次/周	1～2 次/周	≥3 次/周
夜间易醒或早醒	36 人（25%）	36 人（25%）	48 人（33.33%）	24 人（16.67%）
夜间起床上厕所	36 人（25%）	48 人（33.33%）	24 人（16.67%）	36 人（25%）
出现呼吸不畅	72 人（50%）	36 人（25%）	36 人（25%）	0
响亮的鼾声或咳嗽声	60 人（41.67%）	36 人（25%）	12 人（8.33%）	36 人（25%）
感到太冷	108 人（75%）	24 人（16.67%）	12 人（8.33%）	0
感到太热	72 人（50%）	24 人（16.67%）	12 人（8.33%）	36 人（25%）
做噩梦	36 人（25%）	36 人（25%）	48 人（33.33%）	24 人（16.67%）
感到疼痛	60 人（41.67%）	36 人（25%）	24 人（16.67%）	24 人（16.67%）
其他影响睡眠的事	96 人（66.67%）	24 人（16.67%）	12 人（8.33%）	12 人（8.33%）

3. 影响因素

统计软件分析数据显示，身体健康状况、生活满意度、睡眠质量与老年人精神状况显著相关（P<0.01），具有统计学意义。身体健康状况、生活满意度、睡眠质量多与老年人焦虑心理相关联，其都会在不同程度上影响老年人的精神状况。反之，睡眠质量较好、身体更健康、生活幸福感和满意度更高的老年人精神状况也更为良好。最终调查结果详见表 3。

表 3　身体状况、生活满意度、睡眠质量与精神状况的相关性统计

相关指标项目		身体状况	生活满意度	睡眠质量	精神状况
身体状况	皮尔逊相关性	1	0.793**	0.175*	0.465**
	Sig.（双尾）		0.000	0.035	0.000
	个案数	144	144	144	144
生活满意度	皮尔逊相关性	0.793**	1	0.041	0.506**
	Sig.（双尾）	0.000		0.627	0.000
	个案数	144	144	144	144
睡眠质量	皮尔逊相关性	0.175*	0.041	1	0.408**
	Sig.（双尾）	0.035	0.627		0.000
	个案数	144	144	144	144
精神状况	皮尔逊相关性	0.465**	0.506**	0.408**	1
	Sig.（双尾）	0.000	0.000	0.000	
	个案数	144	144	144	144

注：** 表示在 0.01 级别（双尾）相关性显著，* 表示在 0.05 级别（双尾）相关性显著。

九、讨论与建议

在本研究结果中，被调查对象身体素质一般的共计 84 人，占比 58.3%。最终调查结果显示，身体素质较好的老年人心理状况比身体素质一般的老年群体的心理状况更加优越。身体素质与心理健康密切相关，身体素质较好的老年人精神往往更加饱满。相关研究表明，老年人的身体活动量对增强自我概念、改善认知、减轻焦虑和抑郁症状有较好的帮助。建议老年群体进行以提高身体素质为目的的健康活动，改善心理环境，提高老年生活幸福指数。

PHQ-9（9 项患者健康问卷）统计结果显示，轻度抑郁老年人共计 96 名，占比 66.67%。本调查研究结果较符合我国老年人心理环境状况。相关研究表明，焦虑、抑郁等心理问题对于老年人生活质量、增加心理疾病的患病率有较大的影响。我国是人口老龄化大国，随着老年群体数量的不断增加，老年人的心理问题逐渐成为社会关注的问题，相关部门应重点关注老年群体的抑郁情况，同时对其进行医疗干预、运动干预以及健康教育，

调节其心理环境，减少老年抑郁的发生，提高老年群体晚年生活质量。

PSQI（睡眠质量测试量表）调查结果显示，睡眠质量好的人数为 60 人，占比 41.7%；睡眠质量一般的人数为 60 人，占比 41.7%，睡眠质量差的人数为 24 人，占比 16.6%。相关研究表明，在老年群体中，睡眠质量差往往与其心理环境改变引致疾病有较大的关联。神经功能的改变、新陈代谢的减弱、身体机能的退化等原因，致使老年群体睡眠障碍的发生率普遍较高，易导致老年人精神萎靡、情绪不稳等情况发生，明显降低其生活质量。为此，可通过保证睡眠环境的良好稳定、保证睡眠姿势的正确、适量进食助眠食物、坚持体育锻炼等方式，提高老年人睡眠质量，降低睡眠质量差所引起的相应生活并发症，提高其生活质量。

老年群体作为社会中不可缺少的一部分，在一定程度上是社会和谐美好的表现。老年群体作为一个相对弱势却迅速扩大的群体，需要社会更多的关注，相关机构应着手加强精神状况、身体素质、睡眠质量等方面服务，协助其科学地进行身体活动、改善心理环境、改善睡眠质量，减缓身体机能的下降速度，提升其生活幸福感。老年人也应积极充分地享受生活，积极参加社交活动，延缓身体机能的退化，老有所为，老有所乐。

十、调研感悟

中国已进入老龄化社会，保障老年群体的生活质量不容忽视。身体机能下降、社会家庭地位变化和适应环境能力降低等因素，导致老年人群体心理环境不稳定，而当地相应政策的不完善可能导致其恶化。考虑到这些种种原因，我们选择影响老年人精神因素的方面进行调查研究，希望通过我们的调查解决部分问题，为改善老年群体心理环境提供相应解决方案。

当笔者真正通过志愿服务了解到每个老人的时候，当笔者拿到最终调查数据结果的时候，内心是有所波动的。通过调研，我们发现影响老年人精神状况的因素有很多，而党和国家的政策在帮助提高老年群体生活质量上还存在一些不足之处，需要今后逐步加以完善。

我们身份特殊，我们是未来的医生，临床实践活动对我们而言十分重要。了解现实，了解人民需要什么样的医师，加强医德修养和职业道德是此次社会实践的重要目的，也是集中体现基于社会主义核心价值观的奉献、友爱、互助、进步为内容的"医者仁心"精神核心的重要方式，对我们在未来职业生涯中做到爱岗敬业、救死扶伤具有重要意义。参与实践活动，将理论与实践相结合，有利于临床专业化技能的培养，充分感受到实践对专业学习的重要性，不断拓宽我们的专业领域，培养实践操作能力。

通过本次调研活动可以看出，老年群体心理健康的维护问题依旧存在，我们对于如何指导心理建设和如何疏导心理问题的知识相对欠缺。但在乡村振兴、健康中国等政策的鼓舞下，这些问题会得到更好的解决，老年人的生活质量也会越来越高。这次社会实践对笔者深有启发，使笔者意识到在学习的道路上应坚持向前，顽强不屈。作为未来特殊职业的从业者，将"为人民服务"的信念牢记于心，面对困难要做到不惧怕不退缩，遇到麻烦要端正心态，珍惜一切进步的机会，不断提高自己。作为新时代的大学生，作为川北医学院的学子，必须做到全面发展，学会将理论与实践相结合，更好地为人民服务，回报社会，实现人生价值。

参考文献

［1］朱冠楠. 农村留守老人精神生活状况与社区服务工作的介入［J］. 中国社会科学院研究生院学报，2010（6）：88.

［2］吴敏，等. 独居老年人生活及精神健康状况调查［J］. 中国公共卫生，2011（7）：849-851.

［3］吴敏，等. 济南市 65 岁以上老年人精神健康状况影响因素研究［J］. 山东大学学报（医学版），2011（1）：120-123.

［4］王群，李小妹. 西安市社区老年人睡眠质量及其影响因素研究［J］. 护理研究，2012（7）：591-594.

［5］申莉，等. 基于中国健康与养老追踪调查的老年人疼痛、睡眠与抑郁关系研究［J］. 中国预防医学杂志，2023（2）：1-6.

［6］宁雯雯. 居家老年人养老自给能力与居住安排研究［J］. 学习与实践，2015（5）：95-102.

［7］罗晓晖，李晶. 中国老年人生活质量指数及其区域差异［J］. 老龄科学研究，2020（2）：24-37.

［8］刘杰，郭超. 正/负性情绪对中国老年人死亡风险影响的前瞻性

队列研究［J］.北京大学学报（医学版），2022，54（2）：255-260.

［9］方菲.老年人精神状态的影响因素及对策探讨［J］.华中农业大学学报（社会科学版），2000（4）：65-67，75.

［10］陈德喜，等.南通市老年人生活质量的影响因素［J］.中国老年学杂志，2012（23）：5226-5228.

［11］国家统计局.第七次全国人口普查公报（第三号）：地区人口情况［J］.中国统计，2021（5）：8-9.

基于健康扶贫视角对不同收入人群对新农合满意度的调研

——以广元市苍溪县为例

2020 级医学检验系 1 班　马玉雯

一、引言

新型农村合作医疗制度（简称"新农合"）是国家为解决广大农村人口面临的"看病难、看病贵"和"因病致贫、因病返贫"问题而实施的一项重要的民生工程。鉴于这项工程的重要性，国家领导人做出了"只许成功，不许失败"的重要指示。2020 年底，我国已经打赢了脱贫攻坚战，其中健康扶贫功不可没。健康扶贫是指通过提升医疗保障水平，采取疾病分类救治，提高医疗服务能力，加强公共卫生服务等措施，让贫困人口能够看得上病、方便看病、看得起病、看得好病、防得住病，确保贫困群众健康有人管、患病有人治、治病能报销、大病有救助。现有健康扶贫主要通过提高医疗保障水平和控制医疗费用来解决贫困农户看不起病的问题。在提高医疗保障水平方面，重点是建立基本医疗保险、大病保险、疾病应急救助、医疗救助等制度的广泛覆盖和衔接机制，发挥协同互补作用，形成保障合力。新型农村合作医疗保险（或城乡居民基本医疗保险）便是其中的一项重要内容，其覆盖所有农村贫困人口并实行政策倾斜。保险费个人缴费部分按规定由财政给予全额或部分补贴，确保每一个贫困人口都能享受基本医疗保障。在贫困地区全面推行门诊统筹，同时提高政策范围内贫困人口住院费用报销比例，使基本医疗保障向建档立卡贫困人口倾斜。

2009 年 5 月，四川省广元市苍溪县率先在全省开展了统筹城乡劳动保障探索试点，启动了城乡一体化的基本医疗保险改革，基本建立起了城乡一体、覆盖全民的多层次社会医疗保障体系。整个制度体系设计具有全覆盖、多层次、一体化、相衔接四大特点，突破了城乡分割的二元结构，真正实现了制度覆盖"无盲点"、城乡统筹"无障碍"、政策衔接"无缝隙"。广元市苍溪县许多居民是因病致贫的，因此新农合制度的实行在其脱贫过程中起到了重要的作用。农村居民的满意度是农村医疗保障制度建设绩效评估的核心内容之一，具有重要的现实意义。完善新农合制度，必须结合地区的差异特性、经济状况以及农民的观念意识等才能真正实现。本文在借鉴前人研究成果的基础上，通过深入实地走访调研，对广元市苍溪县农村地区不同收入居民对新农合的满意度进行深入具体的分析，运用统计学方法分析影响农村居民满意度的因素，并通过比较各个镇的差异来分析新农合的运行效果以及造成这种差异的原因，发现了该地区存在与其他各地区相异之处，从宏观和微观两方面分析新农合存在的问题以及其中的影响因素，并提出了政策建议。

二、研究设计

（一）方法选择

据广元市苍溪县 2021 年国民经济和社会发展统计公报统计，2022 年初全县户籍总人口 73.65 万人，其中，非农业人口 13.05 万人，农业人口 60.6 万人；数据显示，农业人口在广元市苍溪县占比较高，要进行新农合满意度的调研，必然需要获取大量的农户个体数据作为样本信息进行分析。本次调研采用了以下方法：

（1）文献法：对国内外研究文献进行研读和分析，了解新农合政策实施的最新研究进展，从而形成基本的研究框架和思路。同时为问卷设计奠定基础。笔者根据文献分析结果，进行问卷设计。

（2）问卷调查法：调查采用随机抽样法，在城镇以及乡村分别抽样调查。笔者采用入户调研的方式，对居民进行问卷调查以及深度访谈。

（3）数据录入与整理：收回有效问卷后，统计分析采用 SPSS 20.0 软件进行分析。以均数±标准差（$\bar{x} \pm s$）形式记录实验计量数据，以 SPSS25.0 以及 R（4.0.3 版本）进行统计学分析及数据作图。计数资料采用卡方检验，独立样本 t 检验应用于两组间比较，单因素方差分析方法应用于多组间比较。P<0.05 显示有统计学差异，P<0.01 显示统计学差异显著。

（二）样本选取

此次调查的对象为广元市苍溪县居民，调查选取的对象年龄跨度大，范围遍及苍溪县农村和县城，所涉及人员范围较广，有利于全面且精准地反映广元市苍溪县居民对新农合的认知情况以及满意度。此次问卷采用线下发放与收回的方式，确保了问卷填写的质量以及真实性。所填写的问卷数量就是此次问卷调查的实际样本数量。本次问卷共发放 500 份，收回 386 份，其中无效问卷 23 份、有效问卷 363 份。

（三）问卷解读

问卷题目精炼，共 24 个问题，其中人口基本信息问题共 7 个，认知度以及满意度问题共 17 个。人口基本信息包含了性别、年龄、家庭组成、学历、家庭年收入、职业等。此类基本信息让我们更全面地了解与分析被调查者基本的个人情况与家庭情况，便于后期分析相关数据。认知度及满意度问题细分为对新农合的了解程度共 6 个问题，对新农合的满意度共 9 个问题，以及认为新农合存在的缺陷和值得改进的地方共 2 个问题。对新农合的了解部分主要包括新农合参加情况、参加原因、参保费用以及报销情况等。通过分析这些问题的回答可以判断被调查对象对新农合的了解程度，同时排除无效问卷。对新农合的满意度从参保条件、报销手续、就医环境、报销范围、异地就医、政策本身等几个角度设计问题，设置了满意、一般、不满意三个选项。将被调查对象对新农合制度的满意度细分为数个方面的满意度，有利于被调查对象仔细思考，提高问卷真实性，发现新农合目前存在的问题。最后两道题为半开放式问题，内容为被调查对象认为目前新农合存在的缺陷及相关建议。这两道问题旨在从新农合参保者自身真实需求出发，直接且真实地了解新农合参保者对新农合的意见与建议，为后文提出新农合改进策略提供第一手参考资料。

三、调研结果与分析

（一）被调查对象年龄跨度大

在广元市苍溪县某地笔者随机选取的被调查对象中，19~45 周岁年龄段人数居多，约占 40%，而 18 周岁及以下人群数量最少，占 11.3%。这证实了人群分布为随机抽取。此次调研活动人群各年龄段均占一定比例，结果呈现更具有普遍性。详见表 1 所示。

表 1　问题"您的年龄"统计

年龄分布	频次/人	百分比/%	有效百分比/%	累积百分比/%
18 周岁及以下	41	11.3	11.3	11.3
19~45 周岁	152	41.9	41.9	53.2
46~60 周岁	96	26.4	26.4	79.6
60 周岁以上	74	20.4	20.4	100.0
总计	363	100.0	100.0	

（二）被调查对象学历分布差异性显著

在广元市苍溪县一地的随机调研中，人群接受教育程度分布较为密集，近一半人学历为初中及以下，仅接受完成或未完成义务教育。大专及以上学历者较少。总体来说，苍溪本地人接受教育程度较低，缺乏高知识储备人才，为新农合这一政策的理解推广工作增加了难度。具体见表 2。

表 2　问题"您的学历"统计

学历	人数/人	百分比/%	有效百分比/%	累积百分比/%
初中及以上	171	47.1	47.1	47.1
高中	103	28.4	28.4	75.5
大专	50	13.8	13.8	89.3
本科	35	9.6	9.6	98.9
硕士研究生及以上	4	1.1	1.1	100.0

（三）被调查对象家庭收入居中等水平

在被调查对象中，家庭年总收入在 3 万~8 万元人数达 44.5%，表明广元市苍溪县居民收入大体处于中等水平，较高水平收入（8 万元以上）及低水平收入（3 万元以下）占比相近，两极分化不太明显，当地居民生活水平差距不是太大。具体见图 1。

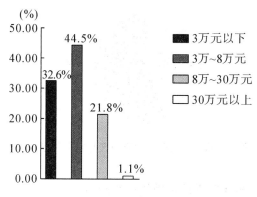

图1 问题"您的家庭收入"柱状统计

（四）被调查对象参加新农合并报销人数占比高

数据统计结果显示，大约70%居民参加新农合，其中有超过半数居民通过新农合报销过医疗费用。但相关统计表明，2010年苍溪县参加城乡居民基本医疗保险65.8万人，已占应保人数的95%，参加新农合居民未达较高数值，原因在于农村与城镇户口的差异。虽当地农村居民较多，但城镇户口居民多由单位、学校等集体购买其他类型医保，从而使得参加新农合的居民仅大致达到70%。但总体来说，新农合能够解决当地居民部分医疗费用压力。报销人群数量相对较小，原因可能是当地居民身体比较健康，患重病概率小，也可能是报销范围小等，但易引起群众形成只缴费未享受政策福利的错觉，较易引起群众不满。具体见图2、图3。

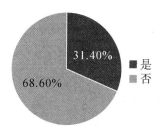

图2 问题"是否参加新农合"饼状统计

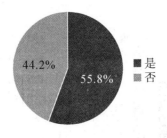

44.2% 55.8%

■ 是
▨ 否

图3 问题"是否使用新农合报销"饼状统计

(五) 新农合本年度缴纳费用呈正态分布

在随机抽查调研的人群中，大多数人缴纳医保费用为320元一年，即参加新农合所缴纳保费，所占比例为调查总人数的80.32%，当地居民最低缴纳医保费为80元一年，最高缴纳医保费为5 000元一年，跨度范围较大，两极分化严重。整体缴纳保费用参差不齐，具有个体差异性，易引起群众对于自身所缴纳的保费与最低保费的比较，形成心理落差，引起对新农合相关参保条件及费用的不满，不利于新农合的全面覆盖和进一步推广。具体见表3。

表3 问题"您缴纳的医保费"统计

金额/(元·年)	频次/人	百分比/%	有效百分比/%
80.0	2	0.6	0.8
100.0	1	0.3	0.4
120.0	1	0.3	0.4
200.0	3	0.8	1.2
220.0	1	0.3	0.4
280.0	13	3.6	5.2
295.0	1	0.3	0.4
300.0	5	1.4	2.0
320.0	200	55.1	80.6
330.0	1	0.3	0.4
340.0	1	0.3	0.4
350.0	7	1.9	2.8

表3(续)

金额/(元·年)	频次/人	百分比/%	有效百分比/%
380.0	2	0.6	0.8
500.0	3	0.8	1.2
520.0	1	0.3	0.4
1 000.0	1	0.3	0.4
1 300.0	1	0.3	0.4
1 600.0	1	0.3	0.4
4 000.0	1	0.3	0.4
5 000.0	2	0.6	0.8

（六）整体报销费用偏低

在通过新农合进行过医疗费用报销的居民中，共有5.8%的人群报销至5 000元以上。报销费用较高人数较少，占比较小，表明新农合政策仅能在一定程度上缓解人们"看病贵"的现状但并不能完全解决此问题。报销费用较低，参保费用却逐年增高，是当地居民不满新农合的主要原因。根据我们的调研，在提及新农合这一政策时，当地居民对于费用缴纳及报销问题怨声颇多，仅有少数人对于当前新农合有关费用缴纳及报销问题较为满意。具体见图4。

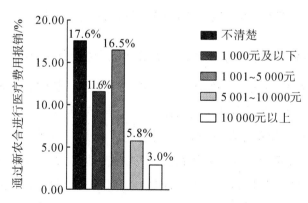

图4 问题"您通过新农合政策报销的医疗费用"柱状统计

（七）当地居民对于新农合各环节满意度不同

我们从参保条件、报销比例、报销手续、报销范围、异地就医、就医环境以及新农合政策七个方面入手调研当地居民对于新农合的满意度，发现居民对于异地就医满意度最低，占比仅为 34.3%；对于报销范围也不是很满意，占比将近 45%；而对于新农合政策满意度最高，占比达到73.7%；对报销比例满意度仅次于前者，占比达到 67.1%；对就医环境满意度也相对较高，占比将近 65.7%。而当地居民满意参保条件的人数占调研总人数的 54.2%，满意报销手续的人数占比达到了 51.8%。这表明，当地居民对于新农合满意度处于中等水平。当地居民对异地就医的满意度较低，一是因为部分异地医院不能报销医疗费用，另一主要原因是当地居民缺乏异地就医经历，较少外出异地就医。具体见图 5。

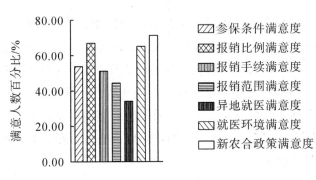

图 5　问题"新农合各环节您的满意度"柱状统计

（八）较多人表示在新农合参保费用上涨后仍会参加新农合

84.6% 的居民表示，在参保费用上涨后仍会参加新农合，表明大部分居民对新农合这一政策的认可度较高。但此结论存在争议，实地调研时仍有部分居民表示其参加新农合的原因是无其他更好的替代品。此外，有15.4% 的居民会选择不再参加新农合，表明当地居民对于参保费用上涨的不理解、不接受，同时也意味着这部分居民对于费用缴纳相关问题的不理解，满意度较低。这需要当地政府及有关部门加大宣传力度，建立咨询台，以通俗易懂的语言向当地居民进行细致的解释，保证每一位居民对于此政策有清晰的了解。具体见图 6。

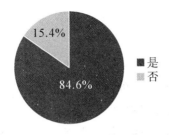

15.4%

84.6%

■是
■否

图6　问题"参保费用上涨后参加新农合意愿"饼状统计

（九）收入较高人群对新农合满意度较高

图7中纵坐标为满意度评分，分数值越高，代表满意度越高。年收入在30万元以下居民对于新农合满意度相近，无较大差异，而年收入在30万元以上的居民对于新农合的满意度与前者相比具有较大差异，此类人群对于新农合满意度较高，将近3分，较前者大约高出1分。此结果也说明了收入对于新农合的满意度具有较大的影响。具体见图7。

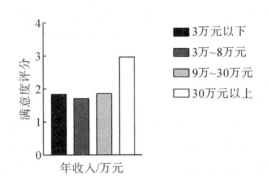

图7　问题"根据您的收入，您对新农合的满意度"柱状统计

四、新农合满意度影响因素

通过对调查数据的搜集与分析，我们认为影响新农合满意度的因素主要集中于个人、社会以及制度本身这三个方面。每一个方面从不同角度产生影响。

（一）个人因素

1. 学历

由调查数据可知，初中及以下学历的被调查者占 47.1%，高中学历的被调查者占 28.4%，大专学历的被调查者占 13.8%，本科学历的被调查者占 9.6%，硕士及以上学历的被调查者占 1.1%。学历较高的被调查者往往会选择在城镇工作并定居，因此他们大多会购买城镇医疗保险或者是商业医疗保险。在义务教育普及的情况下，学历低者多为农村中老年人，他们购买新农合的概率较大。

2. 家庭年收入

由问卷第一部分第 5 小题"您的家庭年收入"得到的数据可知，家庭年收入 3 万~8 万元的被调查者占 44.5%，说明广元市苍溪县居民收入大多处于中等水平。根据数据分析可知，家庭年收入 30 万元以上的被调查者对新农合医保制度满意度最高，家庭年收入 3 万~8 万元的被调查者对新农合满意度最低。随着广元市苍溪县整体成功脱贫，家庭年收入逐渐增高，生活水平与质量提高，增高的需求促使该地被调查者更加追求高质量医疗服务，因此高收入群体更加倾向于选择商业医疗保险以获得更优质的医疗服务。

3. 身体情况

由调查问卷第二部分第 4 题"您是否享受过医保报销服务"所得数据可知，有 55.8% 的被调查者没有报销过医保，只有 8.8% 的被调查者报销过 5 000 元以上。被调查者中身体健康、从未报销过医保的人，以及只患过小病、医药费金额未达报销金额的人，对新农合的满意度要低于报销过新农合的被调查者。其对新农合的支出远远大于实际收益，所以其参加新农合意愿以及满意度都较低。

（二）社会因素

1. 医疗服务

通过第二部分的第 13 题"您对异地就医使用医保的满意度"可知，被调查者对就医环境的满意度达到 65.7%。被调查者中对医院环境、医生服务态度等方面表示满意者，其对新农合的满意度也较高。在调查过程中，部分被调查者在就医过程中有不满意的医疗经历，因此其对新农合的满意度也大打折扣。我们走访当地卫生院并咨询院长得知，当地卫生院医务人员较少，硬件设施较差，导致许多被调查者宁愿花更多钱前往大医院就医，或前往外地进行异地就医。重大疾病的报销种类不能满足参保者的报销需求，影响了参保者对新农合的满意度。

2. 社会宣讲

乡村政府对新农合的宣传讲解对人们对新农合的满意度有重要影响。部分青年人对新农合政策不了解、不熟悉，他们的参保意愿较低。部分中老年人不了解新农合报销手续以及异地报销流程，未能成功报销，因此对新农合的满意度也不高。

（三）新农合制度本身因素

1. 参保费用

调查数据显示有 15.4% 的被调查者表示如果参保费用继续上涨，将不会参加新农合。新农合实行"个人账户+统筹基金"相结合的筹资模式，当个人参保费用比例和上涨幅度超出预期时，也会影响农村居民对新农合的满意度。近年来新农合参保费用上涨，对本身患有疾病者的满意度影响较小，但对身体健康、未报销医保的参保者而言，新农合未能使他们所缴纳参保费用的效用达到最大化，并且增加了人口较多家庭的医疗负担，因此其参保意愿以及满意度都有所下降。

2. 报销比例

调查数据中有 67.1% 的被调查者对报销比例感到满意。农村居民是否愿意参加新农合主要取决于新农合是否能满足自己的医疗需求，只有效用达到最大，才能提高农村居民对新农合的满意度。在报销过新农合的群体中，报销比例越高，其缴纳的保费所产生的效益越大，降低了农村居民的医疗负担，其对新农合政策的满意度越高。

3. 报销范围

调查数据显示，只有 45% 的被调查者对新农合报销范围表示满意。部分参保者所患疾病未在重大疾病报销范围内，医保政策未能满足其医疗需求，因而其对新农合政策的满意度不高。

五、提升新农合满意度的策略

从 2003 年试行新农合开始至 2022 年已 20 年，其成效显著，可谓利国利民之策。我们根据本次广元市苍溪县农村居民新农合满意度影响因素，提出以下几点建议，希望能对新农合制度的改进和完善提供一些参考。

（一）当地参保人

1. 加大宣传，使得政策更深入人心，提高农村居民对政策稳定性的信任

根据本次调研统计结果，当地农村居民文化水平较低，对新农合认知度不高，造成了一定程度上的不理解，导致其满意度降低。适度的宣传能够帮助农村居民正确地认识新农合的作用，客观地对新农合进行预期和评价，而不是不切实际地预期新农合能全面满足自身的特殊要求。加强新农合政策在农村地区的宣传，加深农村居民对新农合的了解，提高农村居民对新农合保费的承受能力，提高农村居民的忠诚度，是稳定新农合基金的重要手段。有些地区宣传不到位，农村居民知晓程度不高，导致其认可度不高，甚至不愿意参加新农合。当地政府可建立咨询台，以通俗易懂的语言向当地农村居民进行细致的解释，保证每一位农村居民对政策了解。也可通过"村村通"广播、入户宣传、电话联系以及微信群宣传等方式，将新农合参保缴费政策宣传到各家各户，做到家喻户晓、人人皆知。也可通过健康扶贫政策宣传，走村入户落实新农合政策，减轻困难群众就医负担，提高困难群众对健康扶贫政策的了解程度，有力地推动健康扶贫工作，巩固脱贫成果，助力乡村振兴。

2. 加强农村建设，增加农村居民增收渠道，提高农村居民收入是解决农村居民医疗负担的根本途径

本次研究结果显示，广元市苍溪县农村地区收入水平低下是农村居民健康没有保障的根本原因。仅仅靠政府的扶持资助无法解决根本性的问题。最有效的途径是帮助农村居民自力更生，增强自身抵抗医疗风险的能力。政府应该重视农村经济发展，使农村居民能通过自身劳动增加收入，摆脱贫困，走出贫穷境况，新农合才能更有效地发挥其作用，农村居民才能真正享受健康幸福的生活。当地政府已采用了积极的耕地措施，为当地农村居民生活提供了保障。当然也可以引进人才，加强相关知识培训、宣传等，整体提高当地农村居民整体素质，真正达到精神脱贫。

（二）基层医院

培养村基层医院人才，改善农村医疗机构基础条件，提高当地的医疗卫生服务水平。虽然调查统计结果是当地农村居民对当地就医条件较为满

意，但我们实地走访调研得知，当地存在医疗点少、设施缺乏、医疗人才匮乏等问题，当地村民很少异地就医，故也说明当地农村居民对医疗条件的认知具有一定的片面性。农村医疗设施直接影响农村居民的健康，优良的医疗技术才能确保农村居民得到最佳的医疗保障。农村医疗设施对农村居民满意度有正向作用，政府应该合理配置医疗设施，不断提高医疗服务水平，充分发挥医疗服务质量的正向外溢效应，使农村居民真正获得抵抗医疗风险的益处。着力监督各等级医院收费标准，坚决杜绝乱收费、滥诊病的不良风气，规范医药目录，切实保障农村居民能获得公平合理的医疗服务。不断缩小城乡医疗技术的差距，使农村居民就医成本更小，就医更便捷。政府可加大对医院的投入，健全监管体系。公立医院在提供基本医疗服务的同时，还可以进行高端医疗服务，为公立医院解决资金缺口的问题。也可增加定点医疗机构数量，使医保点遍布农村地区，便捷报销手续。许多偏远地区农村人口受到交通不便的影响，就医报销较麻烦，大大影响了当地农村居民对新农合的满意度。

（三）新农合政策

1. 加强新农合自身的优势，争取更多的农村居民选择新农合

从表面上看，商业医疗保险和新型农村合作医疗属于相互竞争的服务产品，调研结果显示当地不少农村居民选择了其他商业医疗保险。但实际上，新型农村合作医疗即使作用大也不可能实现农村居民医疗负担的全面保障，加上其资金筹集不够充裕稳定，难以满足农村居民对新农合的更高期待。因此，本文认为，鉴于商业保险的正向溢出作用，政府应该鼓励多种形式的医疗保险，使农村居民有更多渠道和方式保障医疗条件。鼓励商业替代性保险的多样化、筹资形式的丰富化和创新性。

2. 降低保费缴纳额度，继续提升参保率

调研发现，对于新农合基金的筹集，主要问题已不在于农村居民是否参加，而是愿意缴纳的保费高低。部分农村居民表示如果参保费用提高将不再参保，这将影响新农合的普及度。新农合刚开始试点时，农村居民会根据预期参加新农合的成本与收益来决定是否选择参保，低参加率使得新农合资金筹集不足。而发展至今，新农合的参加率已经达到95%以上，得到了广泛的认可。因此目前的筹资难题在于如何在现今农村居民收入水平上筹集更多的资金。一味地提高农村居民的参保费用并不能从根本上解决筹资难的问题。过高的参保费用会带来过低的参加率，结果将适得其反。政府可丰富农村合作医疗的形式，扩大新农合基金来源（渠道）。如建立"医疗一卡通"，卡内有规定额度的金额，在定点卫生所就诊时，在新农合报销范围之外的项目可享受较低比例的补偿。这类似于银行的信用卡，将现金存入卡内可获取利息补偿。还可以加强新农合基金的管理、运用，鼓励基金自我增值，鼓励其他公益组织、非公益组织资助等。

3. 大病救助是农村居民较为关注的政策

据笔者调查了解，广元市苍溪县临江镇回水社区等地患大病人数较少，但大病风险对于农村家庭威胁较大，是农村居民最需要防范的健康风险，因此大病救助模式的改进和完善十分重要。大病救助模式的主要问题在于住院总医药费用报销比例较低，报销药物范围较小，从而实际报销比例更低。提高大病救助比例，扩大大病救助范围，完善大病救助制度，在更大范围和程度上保障农村居民的医疗风险是新农合目标的重中之重。保障农村居民在大病救助时能充分享受新农合带来的好处，这是解决"因病致贫、因病返贫"问题的关键所在。而完善大病救助制度，归根结底还要回到资金筹集的问题上来。因此，政府应重视新农合资金的筹集，保证新农合基金的持续稳定充足，同时降低医院大病治疗的成本，杜绝乱收费、乱诊断的不良现象。对于一些特殊疾病，新农合应该给予特殊救助。而针对未患大病的贫困户、特困户应实施不同的缴费标准和补偿方式，有效解决贫困户因病雪上加霜的境况，增加农村居民投保后的效益，提高其满意度。

4. 继续扩大新农合报销范围

调查数据显示，当地农村居民对新农合报销范围的满意度还有待提高。政府也正在努力扩大报销范围，也在结合当地医疗卫生服务需求及利用状况，制定和调整新农合基本诊疗目录和基本药物目录，根据地方特色逐步扩大补偿范围和用药目录，改革对供方（医院）的支付方式，防止供方过度诱导需求和道德风险。

5. 提高新农合补偿机制的合理性

为大大提高农村居民从新农合中的受益程度，提高农村居民对新农合的满意度，促进新农合的健康发展，提高新农合补偿机制的合理性也至关重要，其重点在于适当提高新农合的补偿比例。建议提高县级以上医院农村居民住院医疗费支出的补偿比例，以切实减轻农村居民的大病医疗风险；适度扩大新农合的补偿范围，建议把一些花费比较多而又不需要住院治疗的常见病纳入新农合补偿范围等。同时，要提高新农合服务水平，提高补偿的便利性，尽早实现即时结报；加大监督管理力度，提高新农合补偿的公平性，应避免补偿过程中的医药费支出单据的人情审核、关系审核等问题，建议建立医药费支出单据的匿名审核审批制度。

参考文献

［1］于长永. 个体特征、补偿机制与农民对新农合的满意度［J］. 人口与经济，2013（6）：101-110.

［2］汪三贵，刘明月. 健康扶贫的作用机制、实施困境与政策选择［J］. 新疆师范大学学报（哲学社会科学版），2019，40（3）：82-91，2.

［3］赖倩. 四川省新农合重大疾病保障政策研究［D］. 成都：成都中医药大学，2017.

［4］刘素英. 制度覆盖"无盲点"，城乡统筹"无障碍"：苍溪县构建统筹城乡医保体系的探索［J］. 四川劳动保障，2011（4）：21-22.

［5］张咪，宋明芳. 农民参与新农合意愿的影响因素分析：以陕西省西安市、宝鸡市和安康市为例［J］. 山西农经，2021（24）：95-98.

［6］姜百臣，马少华. 新型农村合作医疗保险满意度分析：基于兴宁市农户调查的 Logistic 回归模型［J］. 国际商务（对外经济贸易大学学报），2011（2）：105-111.

农村老年人老化期望、心理弹性和生活质量的相关性调研

2020 级医学影像学院 7 班　柳云帆

目前我国人口老龄化面临较大挑战。2020 年底，我国 60 周岁以上老年人口已达 2.6 亿，占总人口的 18.7%。预计到 2050 年，我国老年人口将达峰值 4.87 亿左右，占总人口的 34.9%。面对严峻的人口老龄化形势，实现和推进健康老龄化成为我国应对人口老龄化高速发展态势的必由之路。老化期望（expectations regarding aging，ERA）又称老龄化期望，是老年人对达到和维持躯体及精神功能的期望水平，即老年人对健康老龄化的期望水平及健康信念在老龄化问题上的具体体现。研究显示，ERA 对老年人的健康促进行为、卫生服务利用信念、健康预防行为等具有重要影响，消极的老化预期可能会降低老年人的生活质量，甚至导致老年人死亡率上升。生活质量反映了不同文化、价值体系中个体对自身的期望、标准及相关生活状况的综合满意度。维持及提高生活质量是个体及社会的最终目标。心理弹性是指个体面对逆境、创伤、威胁或其他负性生活事件的良好适应能力。良好的心理弹性水平有助于老年人保持心理健康，更好地应对逆境或挑战，促进老年人实现健康老龄化。目前国内 ERA 相关研究主要集中于城市老年人，对农村老年人的 ERA 水平关注较少。鉴于此，本研究拟通过调查农村老年人 ERA、心理弹性和生活质量现状，并探讨三者之间的关系，为今后制定针对性干预措施提供参考，进一步促进我国人口健康老龄化的发展。

一、对象与方法

（一）对象

我们于 2022 年 7 月—8 月选择宜宾市 4 个村的农村老年人为调查对

象。纳入标准：①具有当地户籍，且居住时间≥1 年；②年龄≥60 周岁；③知情同意，自愿参加本研究。排除标准：①存在严重认知障碍、精神疾患；②存在严重听力、视力障碍；③有严重躯体疾病及极度虚弱卧床者。本研究以农村老年人 ERA 为主要观察指标计算样本量。根据预调查结果，$\sigma = 5.26$，$\delta = 0.61$，α 取 0.05，带入公式 $N = (u_{1-\alpha/2}\sigma/\delta)^2 = 286$ 例，并考虑 10%~20% 无效问卷，样本量为 315~343 例。

（二）方法

1. 研究工具

（1）一般资料调查问卷。由研究者自行设计，包括性别、年龄、宗教信仰、文化程度、婚姻状况、子女情况、居住状况等 14 项内容。

（2）老化期望量表-21（ERA-21）。该表在 2002 年由 Sarkisian 等开发，本研究采用程建超汉化并修订的中文版量表，包含身体健康（7 个条目）、精神健康（6 个条目）、认知功能（4 个条目）和功能独立性（4 个条目），共 4 个维度、21 个条目。采用 Likert 4 级评分法（1~4 分），量表总分 21~84 分，得分越高表明个体 ERA 水平越高。本研究中该量表的 Cronbach's α 系数为 0.884。

（3）心理弹性量表简化版（10 item Connor-Davidson Resilience Scale，CD-RISC-10）。源量表于 2003 年由 Connor 等编制，2007 年，Campbell-Sills 采用系统方法对量表的因素结构进行了再分析，形成了 10 个条目的简化版。本研究采用张丹梅等汉化的中文版量表，共 10 个条目。量表采用 Likert 5 级评分法（0~4 分），总分 0~40 分，分数越高反映个体心理弹性水平越高。本研究中该量表的 Cronbach's α 系数为 0.920。

（4）简明健康相关生活质量量表 12 条目版（medical outcomes study 12-item short-form health survey，SF-12）。该量表是目前国际上普遍采用的 SF-36 的简化版，用于测量个体过去 4 周的生活质量，包含生理领域（physical component scale，PCS）和心理领域（mental component scale，MCS）两个维度，共 12 个条目。量表采用百分制计分，即先获得各维度的原始总分，再采用标准评分法进行转化以获得各维度标准化得分。各维度标准化得分范围为 0~100 分，分数越高表示相关生活质量越好。本研究中该量表的 Cronbach's α 系数为 0.839。

2. 调查方法

调查员通过统一培训明确调查内容和注意事项后，向符合纳入标准的农村老年人介绍本次调查的目的、意义，获得其同意后发放问卷。调查时采用统一指导语向老年人讲解填写方法与注意事项，由老年人自行填写，填写困难者由调查员为其阅读问卷，根据其选择代为填写。问卷当场发放和当场回收，调查者仔细检查问卷填写有无缺项、错项，如遇缺项、错项及时请被调查对象进行补充或修正。本研究共发放问卷 325 份，回收有效问卷 320 份，有效回收率为 98.46%。

3. 统计学方法

问卷数据由课题组 2 名成员进行双人录入，建立 Epidata 数据库，采用 SPSS 26.0 软件进行数据分析。对符合正态分布的数据进行描述性统计、t 检验、方差分析、Pearson 相关分析及多元线性逐步回归分析，检验水准 $\alpha = 0.05$。

二、结果

（一）农村老年人 ERA、心理弹性和生活质量得分

农村老年人 ERA、心理弹性和生活质量得分见表 1。

表 1　农村老年人 ERA、心理弹性和生活质量得分（n=320）

项目	得分	条目均分
ERA 总分	45.96±9.11	2.19±0.43
精神健康	14.80±3.09	2.47±0.51
功能独立性	9.17±1.83	2.29±0.46
认知功能	8.19±2.30	2.05±0.57
身体健康	13.80±4.03	1.97±0.58
心理弹性总分	22.57±7.51	2.26±0.75
生活质量总分	50.96±9.56	4.25±0.80
MCS	51.95±8.21	8.66±1.37
PCS	49.77±13.68	8.29±2.28

（二）不同特征农村老年人各量表得分比较

本研究调查的 320 例农村老年人中，男性 136 例（42.5%），女性 184 例（57.5%）；年龄 60~91 周岁，平均（68.62±7.26）周岁；无宗教信仰 267 例（83.4%），有宗教信仰 53 例（16.6%）；文化程度：小学及以下 203 例（63.4%），初中 56 例（17.5%），高中及以上 61 例（19.1%）；居住状况：空巢 215 例（67.2%）、非空巢 105 例（32.8%）。具体见表 2。

表 2　不同特征农村老年人各量表得分比较（n=320）

项目	例数	ERA-21		CD-RISC-10		SF-12	
		得分	统计值	得分	统计值	得分	统计值
年龄/周岁			$F=1.257$		$F=3.882^*$		$F=2.536$
60~69	182	45.38±8.76		21.75±7.66		50.22±10.38	
70~79	102	47.14±9.76		23.04±7.03		52.70±8.38	
80~91	36	45.53±8.87		25.39±7.45		49.75±7.74	
婚姻状况			$t=0.386$		$t=-1.46$		$t=-2.531^*$
无配偶	80	46.30±9.65		21.51±8.14		48.64±8.94	
有配偶	240	45.85±8.94		22.93±7.27		51.73±9.65	
子女情况/个			$F=3.030^*$		$F=2.846^*$		$F=2.069$
0	8	37.00±5.32		20.88±6.83		55.40±6.97	
1	75	46.19±10.31		24.04±6.98		51.00±9.19	
2	124	45.63±9.05		21.19±7.36		49.56±11.10	
≥3	113	46.81±8.24		23.24±7.86		52.15±7.80	
与子女关系			$F=1.002$		$F=0.838$		$F=3.311^*$
好	132	46.66±9.44		23.21±7.42		52.36±9.24	
一般	131	45.11±9.24		22.05±7.94		49.38±10.03	
不好	57	46.30±7.96		22.30±6.67		51.36±8.75	
经济情况			$F=3.139^*$		$F=4.577^{**}$		$F=6.115^{**}$
很困难	25	41.80±8.71		18.56±6.44		46.64±6.36	
有些困难	66	44.47±8.59		21.00±7.06		48.62±9.40	
大致够用	176	46.95±9.11		23.41±7.30		51.32±9.82	
宽裕	53	46.49±9.09		23.62±8.40		54.72±8.72	
主要生活来源			$F=1.954$		$F=3.391^*$		$F=5.568^{**}$
子女赡养	107	46.51±9.65		23.45±7.40		51.64±9.54	
自己劳动或工作	135	46.08±8.53		22.21±7.21		49.75±9.89	
养老保险或退休金	53	46.49±9.38		23.62±8.40		54.72±8.72	

项目	例数	ERA-21 得分	ERA-21 统计值	CD-RISC-10 得分	CD-RISC-10 统计值	SF-12 得分	SF-12 统计值
低保	25	41.80±8.71		18.56±6.44		46.64±6.36	
养老保障			F=2.871		F=4.224*		F=7.106**
有医疗保险与养老保险	53	46.49±9.38		23.62±8.40		54.72±8.72	
有医疗保险，无养老保险	242	46.27±9.02		22.76±7.30		50.58±9.76	
均无	25	41.80±8.71		18.56±6.44		46.64±6.36	
慢性病数量/种			F=4.727**		F=2.419		F=2.996*
0	97	48.78±10.10		23.74±7.24		51.55±10.80	
1	106	44.97±7.95		22.87±8.13		52.19±8.61	
2	57	44.14±8.35		22.19±7.59		51.04±9.75	
≥3	60	44.87±9.23		20.52±6.38		47.77±8.26	
体育活动情况/(天·周)			F=1.081		F=3.093*		F=2.437
<1	146	45.45±8.93		23.57±7.80		49.69±8.78	
1~4	100	45.70±8.36		22.31±7.38		51.84±10.81	
≥5	74	47.31±10.34		20.96±6.85		23.57±7.80	
生活满意度			F=4.623*		F=12.898**		F=4.288*
较满意	225	46.93±9.31		23.83±7.56		51.72±9.79	
一般	80	43.94±7.67		20.16±6.54		49.97±9.07	
较不满意	15	42.20±10.94		16.60±5.73		44.85±5.26	

注：* 代表 $P<0.05$，** 代表 $P<0.01$。

（三）农村老年人 ERA、心理弹性和生活质量的相关性分析

农村老年人 ERA、心理弹性和生活质量的相关性分析见表3。

表3　农村老年人 ERA、心理弹性和生活质量的相关性分析（r 值，n＝320）

项目	ERA 总分	ERA 身体健康	ERA 精神健康	ERA 认知功能	ERA 功能独立性	心理弹性 总分	生活质量 总分	生活质量 PCS	生活质量 MCS
ERA	1.000	—	—	—	—	—	—	—	—
身体健康	0.895**	1.000	—	—	—	—	—	—	—
精神健康	0.786**	0.545**	1.000	—	—	—	—	—	—
认知功能	0.794**	0.659**	0.472**	1.000	—	—	—	—	—
功能独立性	0.684**	0.504**	0.435**	0.447**	1.000	—	—	—	—
心理弹性总分	0.311**	0.247**	0.272**	0.214**	0.278**	1.000	—	—	—

项目	ERA					心理弹性	生活质量		
	总分	身体健康	精神健康	认知功能	功能独立性	总分	总分	PCS	MCS
生活质量总分	0.196**	0.104	0.298**	0.069	0.156**	0.354**	1.000	—	—
PCS	0.161**	0.096	0.209**	0.085	0.130*	0.244**	0.925**	1.000	—
MCS	0.194**	0.088	0.346**	0.029	0.152**	0.415**	0.850**	0.585**	1.000

注：* 代表 P<0.05，** 代表 P<0.01。

三、讨论

（一）农村老年人 ERA 现状分析

ERA 反映老年人对自身老化程度的预期，即对健康老龄化的期望程度。研究结果显示，农村老年人 ERA 总分为（45.96±9.11）分，处于中等偏下水平，与程建超等的研究结果相似，说明该地区老年人的 ERA 水平普遍较低，健康老龄化意识有待提高。分析原因，对于老年人本身来说，老化最直观的感受是身体健康水平下降，包括行动迟缓、记忆力下降和身体不适感等。农村老年人普遍存在老化刻板印象，将身体健康状况的下降、疾病等都看成年龄增长而无法避免的现象，面对老化自感无能为力，因此老龄化期望水平较低。在 ERA 的 4 个维度中，精神健康维度得分最高，身体健康维度得分最低，与赵彤等的研究结果一致。"精神健康"是指老年人预期精神心理及能反映精神心理的社交水平下降的程度。本研究中农村老年人大多与子女关系较好，与邻居往来密切，社交水平趋于稳定，老年人孤独感、抑郁情绪较少，这可能是此维度得分较高的原因。"身体健康"是指随着年龄增长老年人预期身体功能下降的程度。受地域影响，农村医疗条件较城市差，农村老年人大多健康管理意识较弱，因此大多数农村老年人身体机能下降、患多种慢性病，身体健康维度得分较低。因此，医护人员应加强健康老龄化的宣传教育，倡导健康老龄化和主动寻求健康理念，帮助农村老年人建立科学的老化认知，以提高其 ERA 水平。

（二）农村老年人心理弹性现状分析

"老年人心理弹性"即老年人在压力或困境等不利条件下，能够积极利用内外部资源主动适应环境的一种稳定的心理品质。本研究显示，农村老年人心理弹性总分为（22.57±7.51）分，处于中等水平，低于李长瑾等的研究结果。心理弹性水平的不同可能与样本的选择、地域文化差异等有关。单因素分析显示，不同年龄、子女情况、经济情况、生活来源、养老保障与生活满意度的农村老年人的心理弹性得分差异具有统计学意义（P<0.05）。拥有丰富经历的老年人比其他人更易接受环境的变化，更好地自我调节情绪，可能使之产生的更高水平的心理弹性。有研究发现，代际支持是心理弹性的重要影响因素。无子女、空巢老人得到的情感支持及生活支持较少，缺乏精神慰藉的渠道，无法满足他们精神健康的需要，农村老年人的心理弹性也就相对较低。另外，经济收入能正向预测老年人心理弹性。本研究发现，依靠子女或不得不自己劳动以获得生活保障的农村老年人常担忧自身养老保障问题，对生活满意度较低，易产生焦虑、抑郁等消极情绪，极大地影响个体的身心健康，从而导致农村老年人心理弹性水平降低。因此，政府应大力完善农村养老保障机制，提供农村老年人基本经济保障。医护人员可重点关注空巢老人、经济困难的老年人，制定有针对性的干预策略。通过鼓励老年人情感表达、增强人际交往和群体互动等方式，使老年人主动调动心理资源，降低抑郁、焦虑、孤独水平，促进老年人心理健康，提高老年人心理弹性水平。

（三）农村老年人生活质量现状分析

随着老龄化程度的不断加深，老年人的健康问题成为社会共同关注的焦点。生活质量是老年人身心健康的重要指标，受多维度影响。本研究中农村老年人生活质量总分为（50.96±9.56）分，处于中等水平，低于王红雨等在3个不同城市的乡镇对高龄老年人生活质量的调查，同时低于谢思琪在安徽省养老服务中心开展调查的结果。其原因可能是不同城市的经济水平是有差异的，也导致其生活质量水平不一。本研究中MSC维度得分比PSC维度得分高，即农村老年人精神功能高于身体功能，与成都常模的研究结果一致。单因素分析显示，农村老年人生活质量与经济情况、生活来源、养老保障、慢性病数量及生活满意度等因素有关，与其他研究结果类似。在本研究中，农村老年人大多为农村居民，因长期劳作、对自身健康关注度低使身体患病增多。患有慢性病的农村老年人身体机能下降、日常生活受损，再加上经济较困难、缺乏养老保障，影响自我管理能力，进一步影响了其生活质量。因此，政府应完善基层卫生服务体系，为农村老年人提供足够的医疗卫生保障；基层卫生服务人员应充分利用图片、模型、幻灯、视频等直观的健康传播方式，结合多种形式开展健康教育活动，拓展健康教育内容和范围，完善农村老年人的健康管理模式，提高农村老年人的生活质量。

（四）农村老年人 ERA 与心理弹性、生活质量的相关性分析

相关性分析结果显示，心理弹性与 ERA 呈正相关关系（r=0.311，P<0.01）。心理弹性是 ERA 的正向影响因素，与蒋怀滨等的研究结果一致，即心理弹性水平较高的农村老年人 ERA 水平相对较高。分析其原因，可能是心理弹性水平高的个体拥有丰富的心理资源，如生活满意度、乐观、坚韧等个人品质，在压力环境下能够积极调动自身心理资源，应对困难并走出逆境，表现出良好的适应能力。因此，心理弹性较大的老年人对健康老龄化的认识更加清晰，面对老化持有积极态度，能充分发挥自身存在的优势和潜能，保持个人身心健康及功能独立性，ERA 维持较高水平。但有研究显示，目前我国农村老年人受经济水平、文化水平及健康管理意识的制约，心理调适能力较差，心理弹性水平低于城市老年人。本研究也证实了这一观点，即农村老年人随着身体机能退化、经济压力等负性事件增多，会出现焦虑、抑郁等情绪变化，使其心理弹性水平降低。随着心理弹性水平的降低，老年人应对生活压力事件的能力也随之下降，逐渐消极应对老化，对健康老龄化的期望降低，即 ERA 水平降低。因此，基层卫生服务人员应关注老年人心理健康情况，定期实施心理状况筛查，针对心理弹性水平低的老年人开展心理疏导、宣传教育等活动，增强其健康老龄化的信心，鼓励老年人尝试主动解决问题，采取积极的应对方式，提高老年人心理弹性，从而提升其 ERA 水平。

相关性分析结果显示，农村老年人 ERA 与生活质量呈正相关关系（r=0.196），即 ERA 水平越高，生活质量越好，与李现文等的研究结果一致。农村的生活条件不同于城市，在社会资源和社会支持等方面不足或无法得到充分利用，而且农村老年人大多收入较低，有些还面临着基本的生存问题，再加上慢性病产生的经济负担，增加了农村老年人的身心压力，进而降低了农村老年人的 ERA。随着年龄的增长、身体机能的退化，老年人面对老化的态度就显得尤为重要。健康老龄化期望水平越高，越能促进

老年人保持健康的生活方式，在老年日常生活中保持活力，密切关注身心健康情况，维持良好的社会功能、情感职能，最终全面提高其生活质量。健康老龄化的核心旨在提高大多数老年人的生活质量。因此，应该加强健康老龄化的宣传教育工作，倡导健康老龄化和主动寻求健康理念，建立科学的老化认知，提高农村老年人的 ERA，促进老年人健康行为，最终提高其生活质量。

本研究结果显示，心理弹性与生活质量呈正相关关系（r=0.354），表明农村老年人心理弹性水平越高，其生活质量越高，与 Lima 等的研究结果相似。从本质上来说，即使老年人随着年龄的增长而依旧健康，但他们总有可能会经历一段时间的功能衰退，这可能会影响他们的生活质量。高水平的心理弹性是老年人生活质量的保护性因素，心理弹性具有压力缓冲作用，能够通过减轻生活事件对老年人生理、心理上造成的压力，增强重塑健康的信心，从而提高其生活质量。李帅妙研究发现，基于心理弹性模型的护理干预对老年人的生活质量有积极影响。另外有研究发现，笑疗法能有效缓解老年人抑郁、焦虑、孤独的情绪，促进老年人心理健康，增强老年人的人际交往和群体互动能力，最终提高老年人的生活质量。因此，建议医务人员组织成立志愿团队，对农村老年人建立健康档案，定期实施心理状况筛查，针对低水平心理弹性的老年人给予针对性干预措施，通过共情方式了解老年人的未满足需求，帮助其建立正确的老化认知，消除其消极心理，提高其生活质量，积极实现健康老龄化。

四、结论

本研究显示，农村老年人的 ERA、心理弹性和生活质量均处于中等水平，有待提高。三者之间呈现两两相关关系，且为正相关。因此，政府部门应进一步完善基层卫生服务体系和养老保障机制，为农村老年人提供足够的医疗卫生保障和经济支持；基层卫生服务人员应定期对农村老年人实施心理状况筛查，针对心理弹性水平低的老年人制定针对性干预措施，鼓励老年人积极面对老化，提高其 ERA 水平，进一步实现健康老龄化。本研究仅在宜宾市进行横断面研究，样本量及调查范围存在局限性，今后可在其他城市老年人群中进行深入研究。

参考文献

［1］国家统计局. 第七次全国人口普查［EB/OL］. http://www.stats. gov.cn/xxgk/jd/sjjd2020/202105/t20210512_1817342.html.

［2］环球网. 报告：健康老龄化是中国应对人口老龄化的必由之路［EB/OL］. https://baijiahao.baidu.com/s? id = 1623865115324600959&wfr = spider&for = pc.

［3］SARKISIAN C A, PROHASKA T R, WONG M D, et al. The relation-ship between expectations for aging and physical activity among older adults［J］. Journal of General Internal Medicine, 2005, 20（10）：911-915.

［4］KIM S H. The association between expectations regarding aging and health-promoting behaviors among Korean older adults［J］. Taehan Kanho Hak-hoe Chi, 2007, 37（6）：932-940.

［5］SARKISIAN C A, HAYS R D, MANGIONE C M. Do older adults ex-pect to age successfully? The association between expectations regarding aging and beliefs regarding healthcare seeking among older adults［J］. Journal of The American Geriatrics Society, 2002, 50（11）：1837-1843.

［6］MEISNER B A, BAKER J. An exploratory analysis of aging expecta-tions and health care behavior among aging adults［J］. Psychol and Aging, 2013, 28（1）：99-104.

［7］CHOI J W, KIM J H, YOO K B. Subjective expectations for future and mortality among middle-aged and older adults［J］. Medicine（Baltimore）, 2020, 99（17）：e19421.

［8］李彩福，刘海宁，李现文. 老年人老龄化期望的影响因素［J］. 中国老年学杂志, 2018, 38（6）：1500-1501.

［9］ORGANIZATION W H. The development of the WHO quality assess-ment instrument［M］. Geneva：World Health Organization, 1994.

［10］WHOQOL GROUP. Study protocol for the World Health Organization project to develop a Quality of Life assessment instrument（WHOQOL）［J］. Quality of Life Research, 1993, 2（2）：153-159.

［11］杨欢欢，权海善. 老年慢性病患者抗逆力水平的研究进展［J］. 中国老年保健医学, 2021, 19（4）：105-107.

［12］丁文秀. 基于中层护理理论城乡社区老年人的成功老龄化现状及影响因素研究［D］. 济南：山东大学，2020.

［13］吴凡，绳宇. 城市社区老年人健康老龄化现状及相关因素分析［J］. 护理学杂志，2018，33（13）：84-87.

［14］伏蓉，刘雅玲，张蕊. 沈阳市老年人心理弹性水平现状及影响因素研究［J］. 中国老年保健医学，2020，18（1）：13-15.

［15］SARKISIAN C A, HAYS R D, BERRY S, et al. Development, reliability, and validity of the expectations regarding aging（ERA-38）survey［J］. Gerontologist, 2002, 42（4）：534-42.

［16］程建超. 老化期望量表的汉化修订及应用研究［D］. 唐山：华北理工大学，2021.

［17］CONNOR K M, DAVIDSON J R. Development of a new resilience scale：the Connor－Davidson Resilience Scale（CD－RISC）［J］. Depress Anxiety, 2003, 18（2）：76-82.

［18］CAMPBELL-SILLS L, STEIN M B. Psychometric analysis and refinement of the Connor-davidson Resilience Scale（CD-RISC）：Validation of a 10-item measure of resilience［J］. Journal of Traumatic Stress, 2007, 20（6）：1019-1028.

［19］张丹梅，熊梅，李彦章. 心理弹性量表简版在社区老年人中的信效度检验［J］. 中华行为医学与脑科学杂志，2018，27（10）：942-946.

［20］王海棠，寿涓，任利民，等. SF-12量表评价上海市社区老年人生命质量的信效度研究［J］. 中国全科医学，2019，22（9）：1057-1061.

［21］TABOULET F, HALIOUA B, MALKIN J E. Quality of life and use of health care among people with genital herpes in France［J］. Acta Dermato－Venereologica, 1999, 79（5）：380-384.

［22］TUCKER G, ADAMS R, WILSON D. New Australian population scoring coefficients for the old version of the SF-36 and SF-12 health status questionnaires［J］. Quality of Life Research, 2010, 19（7）：1069-1076.

［23］赵青，张海莲，嵇艳，等. 老龄化期望的概念分析［J］. 中华现代护理杂志，2019（10）：1313-1316.

［24］程建超，邢凤梅，夏侯文秀，等. 社区老年人老化期望现状及影响因素分析［J］. 护理学杂志，2021，36（20）：15-18.

[25] 王西鸽, 曹琴琴, 李慧敏, 等. 老年人老化态度及对健康影响的研究进展 [J]. 中国老年学杂志, 2021, 41 (10): 2237-2240.

[26] 赵彤, 李佳祺, 杨琨, 等. 双向社会支持对老年人老化期望的多维度影响 [J]. 护理研究, 2021, 35 (12): 2101-2105.

[27] 陈璟, 王娟, 夏维海. 农村老年人心理弹性及其影响因素研究 [J]. 四川师范大学学报 (社会科学版), 2015, 42 (5): 127-135.

[28] 李长瑾, 洪炜, 赵佳, 等. 老年人生活质量与心理弹性的关系及领悟社会支持的中介作用 [J]. 山东大学学报 (医学版), 2017, 55 (9): 6-10.

[29] 姚俊, 张文静, 王浩, 等. 代际支持对流动老年人生活满意度的影响: 自我效能感和心理弹性的序列中介作用 [J]. 南京医科大学学报 (社会科学版), 2022, 22 (1): 40-46.

[30] 吴兰花, 刘英玲, 许倩. 城市社区随迁老人、空巢老人心理弹性现状和心理干预研究 [J]. 中国老年保健医学, 2021, 19 (4): 40-43.

[31] LU J, YU Z, ZHANG X, et al. Association between social health status and health-related quality of life among community-dwelling elderly in Zhejiang [J]. Health and Quality of Life Outcomes, 2020, 18 (1): 110.

[32] 王红雨, 张林. 简版生活质量量表 (SF-12) 在农村高龄老年人中的测量信度与效度 [J]. 上海交通大学学报 (医学版), 2016, 36 (7): 1070-1074.

[33] 谢思琦. 安徽省农村地区集中供养的特困老年人心理弹性与生活质量的关系研究 [D]. 合肥: 安徽医科大学, 2020.

[34] 李宁秀, 刘丹萍, 刘朝杰, 等. 成都市城市居民 SF-12 评价研究 [J]. 四川大学学报 (医学版), 2010, 41 (6): 1044-1046.

[35] FREDRIKSEN-GOLDSEN K I, KIM H J, SHIU C, et al. Successful Aging Among LGBT Older Adults: Physical and Mental Health-Related Quality of Life by Age Group [J]. Gerontologist, 2015, 55 (1): 154-168.

[36] 王冬华, 杨心悦, 谢芳芳, 等. 402 名农村老年人自我养老能力现状及影响因素分析 [J]. 护理研究, 2020, 34 (1): 34-38.

[37] 蒋怀滨, 张斌, 杨晓涵, 等. 老年人控制感、心理弹性与成功老化的关系 [J]. 中国老年学杂志, 2015, 35 (12): 3397-3399.

[38] PIETRZAK R H, JOHNSON D C, GOLDSTEIN M B, et al. Psycho-

logical resilience and postdeployment social support protect against traumatic stress and depressive symptoms in soldiers returning from Operations Enduring Freedom and Iraqi Freedom [J]. Depress Anxiety, 2009, 26 (8): 745-751.

[39] 李现文, 刘海宁. 老化期望对功能性健康状况的影响: 休闲活动的中介作用及城乡因素的调节作用 [J]. 中国卫生统计, 2014, 31 (5): 793-795.

[40] 杜鹏, 董亭月. 促进健康老龄化: 理念变革与政策创新: 对世界卫生组织《关于老龄化与健康的全球报告》的解读 [J]. 老龄科学研究, 2015, 3 (12): 3-10.

[41] LIMA G S, SOUZA I M O, STORTI L B, et al. Resilience, quality of life and symptoms of depression among elderlies receiving outpatient care [J]. Revista Latino-americana De Enfermagem, 2019 (27): e3212.

[42] PALMES M S, TRAJERA S M, CHING G S. Relationship of Coping Strategies and Quality of Life: Parallel and Serial Mediating Role of Resilience and Social Participation among Older Adults in Western Philippines [J]. International Journal of Environmental Research and Public Health, 2021, 18 (19): 10006.

[43] 李杰, 秦其荣, 卞正平, 等. 马鞍山市社区空巢老年人生活质量动态变化及影响因素分析 [J]. 中国公共卫生, 2022, 38 (7): 870-875.

[44] 李帅妙. 养老机构老年膝骨关节炎患者的心理弹性状况及干预研究 [D]. 晋中: 山西中医药大学, 2019.

[45] 罗冬梅, 任建兰, 罗月, 等. 笑疗法改善老年人心理健康及生活质量的系统评价 [J]. 循证护理, 2021, 7 (17): 2289-2297.

附件 社区老年人老化期望与心理弹性、生命质量的相关性研究

一、基本资料

1. 性别：①男 ②女

2. 年龄（周岁）：_____

3. 宗教信仰：①无 ②有

4. 文化程度：①小学及以下 ②初中 ③高中及以上

5. 婚姻状况：①无配偶 ②有配偶

6. 子女情况：_____个

7. 居住状况：①独居 ②与配偶同住 ③与子女同住 ④与配偶和子女同住

8. 子女探望频率：①1周多次 ②半月/次 ③1~2个月/次 ④3~6个月/次 ⑤半年以上/次

9. 家庭人均月收入（元）：①<1 500元 ②1 500~3 000元 ③3 001~4 500元 ④>4 500元

10. 经济收入来源（可多选）：①子女赡养 ②退休金 ③再就业收入 ④低保 ⑤其他

11. 退休前职业：①无业 ②农民 ③工人 ④个体户 ⑤医务人员 ⑥公务员或事业单位职员 ⑦其他：_____

12. 您是否患有医生诊断的慢性疾病？①否 ②如是，您患有哪些慢性病：A高血压 B糖尿病 C血脂异常 D心脏病 E中风 F颈椎病 G肝脏疾病 H慢性肺部疾病 I胃疾病或消化系统疾病 J关节炎 K肾脏疾病 L其他：_____

13. 医疗费用支付方式（可多选）：①自费 ②城乡居民医疗保险 ③城镇职工医疗保险 ④商业医疗保险 ⑤新型农村合作医疗

14. 您平均每周有几天进行30分钟的中等强度体育活动（比如跑步、跳舞等运动）？

①<1天 ②1~4天 ③≥5天

15. 总体上您对自己的生活状况满意吗？①非常满意 ②比较满意 ③一般 ④较不满意 ⑤非常不满意

二、老化期望量表-21（ERA-21）

	完全正确	有点正确	有点错误	完全错误
	1	2	3	4

1. 人跟车一样会折旧。

2. 随着年纪变大，人的精力每年也会下降一点。

3. 岁月让人们变迟缓。

4. 随着年纪变大，我会更容易产生疲惫感。

5. 当人变老时，身体不是这里就是那里出毛病。

6. 能接受人老了会有更多的疼痛和不适。

7. 当人变老时，他们需要降低自己的健康期望。

8. 人老了，抑郁很正常。

9. 老年期就是享受生活的时候。

10. 人老了就会感觉孤独。

11. 随着年纪变大，人的生活质量会下降。

12. 人变老了，焦虑就会增多。

13. 随着年纪变大，我和朋友以及家人相处的时间会变少。

14. 人老了，自然就爱忘事。

15. 能接受老人记不住名字。

16. 随着年纪变大，我会更容易忘事儿。

17. 人老了必然会出现脑子反应慢。

18. 随着年纪变大，我能做我想做的一切事情。

19. 随着年纪变大，我会更加依赖他人。

20. 随着年纪变大，日常活动变得更加困难。

21. 随着年纪变大，我没法像现在这样工作。

三、心理弹性量表简化版（CD-RISC-10）

	从来不	很少	有时	经常	一直如此
	0	1	2	3	4

1. 当发生变化时，我能够适应。

2. 不管我的人生路途中发生什么事情，我都能处理。

3. 当面对问题时，我试着去看事物幽默的一面。

4. 由于经历过磨炼，我变得更坚强了。

5. 在生病、受伤或经历苦难之后，我很容易就能恢复过来。

6. 纵然有障碍，我相信我能够实现我的目标。

7. 在压力下，我能够精神集中地思考问题。

8. 我不会轻易被失败打倒。

9. 当处理生活中的挑战和困难时，我认为我是一个坚强的人。

10. 我能够处理一些不愉快或痛苦的感觉，例如悲伤、害怕、生气。

四、简易健康相关生命质量表（SF-12）

1. 总括来说，您认为您现在的健康状况是：

①非常好　②很好　③好　④一般　⑤差

2. 进行中等强度活动时，您是否会受到健康状况的限制，比如移动桌子、推动吸尘器、打保龄球、打高尔夫球？如果受到限制，受限程度有多大？

①有很大限制　②有点限制　③没有任何限制

3. 您的健康状况对您爬楼梯的限制程度有多大？

①有很大限制　②有点限制　③没有任何限制

4. 在过去的4个星期里，您是否因为身体健康的原因而令您在工作或日常活动中实际做完的或者完成的比想做的少？

①常常如此　②大部分时间　③有时　④偶尔　⑤从来没有

5. 在过去的4个星期里，您是否因为身体健康的原因而使您的工作或活动受到限制？

①常常如此　②大部分时间　③有时　④偶尔　⑤从来没有

6. 在过去的4个星期里，您是否因为情绪方面的原因（比如感到沮丧或焦虑），而令您在工作或日常活动中实际做完或完成的比想做的少？

①常常如此　②大部分时间　③有时　④偶尔　⑤从来没有

7. 在过去的4个星期里，您会否因为情绪方面的原因（比如感到沮丧或焦虑），而令您在工作或活动中受到限制？

①常常如此　②大部分时间　③有时　④偶尔　⑤从来没有

8. 在过去的4个星期里，您身体上的疼痛对您的日常工作（包括上班和家务）有多大影响？

①毫无影响　②有很少影响　③有一些影响　④有较大影响　⑤有极大影响

9. 在过去的4个星期里，您有多少时间感到心平气和？

①常常如此　②大部分时间　③有时　④偶尔　⑤从来没有

10. 在过去的 4 个星期里，您有多少时间感到精力充足？

①常常如此　②大部分时间　③有时　④偶尔　⑤从来没有

11. 在过去的 4 个星期里，您有多少时间觉得心情不好，闷闷不乐或沮丧？

①常常如此　②大部分时间　③有时　④偶尔　⑤从来没有

12. 在过去的 4 个星期里，您有多少时间由于您身体健康或情绪方面问题而妨碍您的社交活动（如探亲、访友等)？

①常常如此　②大部分时间　③有时　④偶尔　⑤从来没有

问卷到此结束，感谢您的参与！

疫情背景下阆中市居民
对中医药的知信行现状分析及建议

2020 级中西医临床医学 5 班　罗荆

一、调研背景

　　笔者在 2022 年暑假期间有幸跟随中西医 "三下乡" 队伍前往位于四川省东北部嘉陵江上游的阆中市，开展为期 7 天的社会实践。这里生态宜人，依山傍水，文化底蕴深厚，作为中国生态建设示范市，拥有中国四大保存最完整的古城之一的阆中古城。

　　我们将中医适宜技术——拔火罐、推拿以及针灸回馈给居民，将中西医专业所学转化为为人民服务的生动实践，强化了我们为中医药事业奋斗终生的理想信念。"马克思主义基本原理概论" 课教育我们，实践是认识的基础、实践观点是辩证唯物主义认识论的首要的基本的观点。通过实践，笔者写出了这份调研报告，加深了对于国情、社情的认识和理解。

　　我们走访调研了文成镇中药材基地发展成果、参观了保宁醋博物馆，对当地中医药发展相关情况有了进一步了解。当地半夏、沙参、川芎、杜仲等名贵中药材种植历史悠久，其中阆中川明参更是农产品地理标志产品。当地保宁醋是地方传统名优特产，属于中国四大名醋之一，以麸醋、药醋为特色，搭配砂仁、麦芽、山楂、独活、肉桂、当归、乌梅、杏仁等多味中药材为原材料制作而成。中医药文化在阆苑大地上尽展魅力，造福一方。

　　疫情发生以来，中医药在防治方面发挥了独特优势和重要作用。党和政府积极抗疫，多地在抗击疫情过程中，坚持防治结合、中西药并用，中医药全程介入，推出预防药方，充分发扬中医药 "治未病" 理念，提供中药预防"大锅汤"服务广大群众,让中医药力量熔铸于防疫保卫战中。

二、调研目的

笔者开展调查的时候,疫情仍然是摆在人们面前的难题,基层地区中医药发展缓慢,当地中老年人较多,受教育程度低,信息迟滞,获取资讯和健康宣传教育的途径较少。为深入贯彻落实 2022 年 7 月颁发的《中共中央 国务院关于促进中医药传承创新发展的意见》政策要求,笔者引入"知、信、行"概念,探究深受中医药润泽的阆中人民在疫情大背景下对中医药的态度变化、信任度、了解程度,对于中医预防和治疗疫病的看法、对中医发展前景的态度以及获取中医药服务的途径和期待方式等,以期为政府相关部门、学校、广大中医药从业者等的相关防治、科普工作提供一定思考和改善依据,让中医药为抗击疫情做出影响和辐射更广的贡献,持续护佑人民健康,搭建中医药繁荣通道,形成"懂中医、信中医、用中医"的良好氛围,提升大众甄别不实中医药信息的能力,增强健康保健素养,进而推动基层医疗事业更好发展提供借鉴。

三、调研方法

(一) 调查方式及过程

(1) 使用文献研究法,查阅整理中医药背景、群众对中医药认知等相关文献,并自编一套问卷;

(2) 小范围预调查验证问卷逻辑性和可行性;

(3) 使用问卷调查法,在阆中市保宁街道、文成镇等地采用对当地不同年龄段、性别、受教育程度、职业的人群随机抽样的方式进行调查。调查员事先接受了问卷培训,使用自编纸质问卷结合问卷星线上调查,对居民进行问卷发放及询问,排除精神障碍等无法清楚准确作答的人群以及非本地常住群众,对于有识字障碍人群采用调查员询问的方式进行调查。

(二) 统计方法

对 226 份有效问卷利用 SPSS Statistics 26 进行数据分析,采用描述性、分类、交叉统计方法。

四、被调查对象

阆中市保宁街道常住居民、文成镇常住村民。

五、调研内容

（1）基本信息：性别、年龄、受教育程度、职业、健康自评状况。笔者将本次调研中医药的看法和认知分为"知、信、行"三个方面。卫生保健知识和信息是建立积极、正确的信念与态度，进而改变健康相关行为的基础，而信念和态度则是行为改变的动力。

（2）中医药知识和信息：对中医药文化、中医药治疗疫病手段的了解程度、接受中医药知识科普的意愿。

（3）对中医药的信念与态度：疫情发生前后对中医药的态度和信任度、愿意/不愿意选择中医的原因、选择中医诊疗的情形、使用中医养生理论指导日常饮食的意愿、对于中医药治疗疫病的态度、对制约中医药发展因素的看法、对中医药发展前景的看法。

（4）中医药相关行为：疫情发生前后看病选择中医疗法的倾向、是否接受过中医疗法、对中医养生保健方式的选择倾向、选用中药材做食材的频率、了解中医药文化的渠道。

六、调研结果分析

（一）基本信息

本次调查共发放问卷 250 份，收回有效问卷 226 份，有效率为 90.4%。

在性别占比中，男性 87 人（38.5%）、女性 139 人（61.5%）；年龄分布情况为 18 周岁及以下未成年人 31 人（13.72%），19～50 周岁的青壮年 134 人（59.29%），50 周岁以上的中老年人 61 人（26.99%）；在受教育程度中，初中及以下学历的有 59 人（26.11%），高中或中专学历的有 63 人（27.88%），本科或大专学历的有 92 人（40.70%），研究生及以上学历的有 12 人（5.31%）；在职业中，学生 76 人（33.63%），农民 24 人（10.62%），医务工作者 8 人（3.54%），事业/企业单位员工 49 人（21.68%），教师 11 人（4.87%），退休人员、自由职业者和其他共 58 人（25.66%）；有 43 人

（19.03%）认为自身健康状况非常好，认为良好的有114人（50.44%），认为一般的有59人（26.11%），认为较差的有10人（4.42%），无人认为自身健康状况非常糟糕。具体见表1。

表1　被调查对象基本信息

信息选项		人数/人	占比/%
性别	男	87	38.5
	女	139	61.5
年龄	18周岁及以下	31	13.72
	19~30周岁	80	35.4
	31~50周岁	54	23.89
	51~60周岁	35	15.49
	60周岁以上	26	11.5
受教育程度	小学及以下	19	8.41
	初中	40	17.7
	高中或中专	63	27.88
	本科或大专	92	40.70
	研究生及以上	12	5.31
职业	学生	76	33.63
	农民	24	10.62
	医务工作者	8	3.54
	企事业单位职工	49	21.68
	教师	11	4.87
	退休人员	22	9.73
	自由职业者	25	11.06
	其他	11	4.87
健康自评状况	非常好	43	19.03
	良好	114	50.44
	一般	59	26.11
	较差	10	4.42
	非常差	0	0

（二）当地居民对中医药知识和信息的了解和获取程度

近半数（46.46%）居民表示对中医药文化有一般了解，25.66%的居民表示比较了解，16.37%的居民表示比较不了解，仅8.85%的居民表示非常了解，但有 2.66% 的居民表示完全不了解，该地区居民对于中医药的了解程度非常可观。且通过交叉分析受教育程度与对中医药文化的了解程度（见表2）可知，受教育程度与了解程度正相关，文化水平越高，获取健康资讯的途径越多，意愿越强烈。

表 2　被调查对象受教育程度与对中医药文化的了解程度交叉分析

信息选项			B2. 您对中医药文化的了解程度（　　）					总计
			非常了解	比较了解	一般了解	比较不了解	完全不了解	
A3. 您的受教育程度为：（　　）	小学及以下	计数	2 人	2 人	9 人	3 人	3 人	19 人
		占 A3. 您的受教育程度为（　　）的百分比	10.5%	10.5%	47.4%	15.8%	15.8%	100.0%
	初中	计数	3 人	5 人	19 人	12 人	1 人	40 人
		占 A3. 您的受教育程度为（　　）的百分比	7.5%	12.5%	47.5%	30.0%	2.5%	100.0%
	高中或中专	计数	3 人	18 人	29 人	11 人	2 人	63 人
		占 A3. 您的受教育程度为（　　）的百分比	4.8%	28.6%	46.0%	17.5%	3.1%	100.0%
	本科或大专	计数	11 人	32 人	41 人	8 人	0 人	92 人
		占 A3. 您的受教育程度为（　　）的百分比	12.0%	34.8%	44.5%	8.7%	0.0	100.0%
	研究生及以上	计数	1 人	1 人	7 人	3 人	0 人	12 人
		占 A3. 您的受教育程度为（　　）的百分比	8.3%	8.3%	58.3%	25.1%	0.0	100.0%
总计		计数	20 人	58 人	105 人	37 人	6 人	226 人
		占 A3. 您的受教育程度为（　　）的百分比	8.8%	25.7%	46.5%	16.4%	2.6%	100.0%

　　11.5% 的居民表示对于中医治疗疫病的手段了解全面，近半数（43.34%）居民表示有一定了解，知道中药防治疫病的清肺排毒汤等，还有 38.08% 的居民表示不太了解，但对于中医药介入治疗疫病的疗效持正向态度并愿意了解，7.08% 的居民表示完全不了解。由此可见，绝大部分居民表示了解或愿意了解，并对中医治疗疫病的效果表示肯定。

　　针对接受中医药知识科普的意愿程度，有近一半（49.56%）居民表示愿意，有近三成（30.09%）居民表示非常愿意，有 16.37% 的居民表示一般愿意，有 3.54% 的居民表示不太愿意接受，仅有 0.44% 的居民表示存在强烈抵触情绪。根据年龄与中医药科普接受度的交叉分析（见表3），中年人对于中医药科普接受意愿最高，老年人（>60周岁）对于中医药科普接受度稍低，推测中年人身体健康危机初现，加之获取健康知识途径更为广泛。

表3 被调查对象年龄与中医药科普接受度的交叉表

信息选项			B16. 您是否愿意自己或家人接受一定中医药知识科普：（ ）					总计
			非常愿意	愿意	一般	不太愿意	有抵触情绪	
A2. 您的年龄是：（ ）	18周岁及以下	计数	6 人	14 人	10 人	1 人	0 人	31 人
		占 A2. 您的年龄是（ ）的百分比	19.4%	45.1%	32.3%	3.2%	0.0	100.0%
	19~30周岁	计数	27 人	45 人	6 人	1 人	1 人	80 人
		占 A2. 您的年龄是（ ）的百分比	33.7%	56.3%	7.4%	1.3%	1.3%	100.0%
	31~50周岁	计数	22 人	28 人	4 人	0 人	0 人	54 人
		占 A2. 您的年龄是（ ）的百分比	40.7%	51.9%	7.4%	0.0	0.0	100.0%
	51~60周岁	计数	7 人	17 人	9 人	2 人	0 人	35 人
		占 A2. 您的年龄是（ ）的百分比	20.0%	48.6%	25.7%	5.7%	0.0	100.0%
	>60周岁	计数	6 人	8 人	8 人	4 人	0 人	26 人
		占 A2. 您的年龄是（ ）的百分比	23.0%	30.8%	30.8%	15.4%	0.0	100.0%
总计		计数	68 人	112 人	37 人	8 人	1 人	226 人
		占 A2. 您的年龄是（ ）的百分比	30.1%	49.6%	16.4%	3.5%	0.4%	100.0%

（三）当地居民对中医药的信念与态度

近五成（49.56%）居民对于中医药的态度良好，认为中医药具有科学性，很热爱，比较关注。41.59%的居民表示有一点了解，没有特意去关注，7.52%的居民表示在身体不舒服的时候才会想去了解，1.33%的居民认为中医药是伪科学，没留意，也没打算留意。

关于对中医药的信任度，近五成居民表示比较信任，29.21%的居民表示非常信任，16.37%的居民表示一般信任，3.54%的居民表示比较不信任。具体见图1。

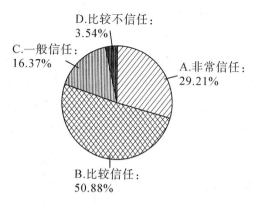

图1 当地居民对中医药的信任度

在愿意选择中医药作为诊疗手段的原因中，66.29%的居民认为中医药适合慢性病治疗和养生保健，65.73%的居民认为相对没有副作用，近半数（47.75%）居民认为中医辨证论治，一方一药，可以根据个人的特殊情况进行个性化治疗，有26.4%的居民认为中医诊疗的价格相对实惠。具体见图2。

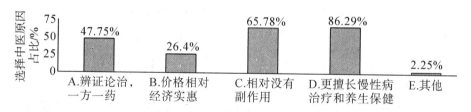

图2 当地居民愿意选择中医药诊疗的原因【多选】

在阻碍人们选择中医的因素中，认为中医见效慢（65.93%）和怕煎药麻烦（62.39%）是主要影响因素。中医除了治疗慢性疾病，运用针灸技术和配伍得当的方剂针对急性病症、急救也具有其独特优势并能取得一定疗效。大众更多接触到的是传统家庭煎药方式，不仅有先下后下煎煮次序的讲究，同时浸泡、煎药器皿、煎药时长及次数等都影响着疗效，是造成大众认为煎药麻烦的主要原因。但是随着科技和制药工艺的不断发展，中药剂型不断趋于便捷高效，推广普及中药免煎颗粒、注射剂等剂型面向更广泛人群，有利于提升大众对中医药的接受度。27.88%的居民认为医院的年轻中医没经验，23.89%的居民认为药价太贵，11.5%的居民对于中药质量存疑，认为中药质量无保障，6.19%的居民认为中药副作用不明确，不敢尝试。中医药在实践中不断发展，其诊疗手段丰富，但部分居民了解不全面，因此，积极推广普及和加强宣传有利于让丰富的中医诊疗手段走进千家万户，而不应仅仅局限于大众所认知的服用中药这一种方式，应多介绍按病索取、按需索取，让大众认识到更多的诊疗选择手段，如针灸、推拿、拔火罐、芳香疗法、情志疗法、气功健身等，让中医智慧惠及更广泛人群。具体见图3。

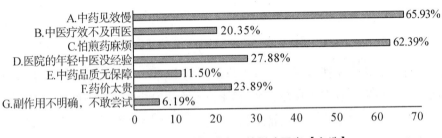

图3 当地居民不选择看中医的影响因素【多选】

关于在何种情形下会选择中医，有24.34%的居民对中医信任度极高，只选择中医，44.69%的居民在西医疗效不佳或久治不愈的情况下会选择中医，17.70%的居民受他人影响而选择中医，10.62%的居民在西医产生较大副作用时会选择中医，2.65%的居民认为在难以承担昂贵的西医药费用时会选择中医药治疗。

针对运用中医养生理论指导日常饮食生活的意愿程度，过半数（53.98%）居民表示愿意，但是不懂相关理论知识。这表明多数群众有意愿，但是缺乏相关知识。笔者推测是了解途径少、中医药氛围欠佳所致。29.20%的居民表示十分愿意，13.72%的居民表示一般愿意，有3.10%的居民表示不愿意。具体见图4。

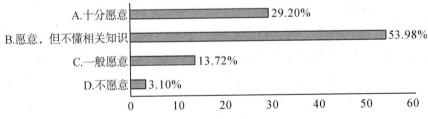

图4 当地居民运用中医养生理论指导日常饮食生活的意愿

在疫情发生前，针对中医药治疗疫病疗效的认知，超过五成（51.77%）居民认为中医药针对部分轻症感染有较好的疗效，对中、重症的疗效不如西医，32.74%的人相信中医药能治疗疫病并能够取得很好疗效，8.42%的居民认为中医药治疗疫病宣传居多，有夸大疗效之嫌，有2.21%的居民不相信中医药能治愈疫病。

在疫情发生后，超过八成（81.86%）居民对中医药的看法有所改变，认为中医药疗效很好，其中41.59%的居民缺乏对于中医药理论的认知，40.27%的居民能与时俱进，对中医药理论掌握更多。近二成（18.14%）居民表示对于中医药的看法没有改变，其中17.26%的居民认为中医药在疫病治疗中有一定疗效，但仍然缺乏实验支撑，0.88%的居民坚持中医药不科学的态度。

关于制约中医药发展因素的看法，65.49%的居民认为中医药人才缺乏，近五成（49.56%）居民认为宣传力度不够，还有46.9%的居民表示政府投入不够，有21.68%和21.24%的居民分别认为中医药的经济效益低以及中医药缺乏科学性，有19.03%和18.14%的居民分别认为群众接受度低和中医药院校的教育方式存在问题。具体见图5。

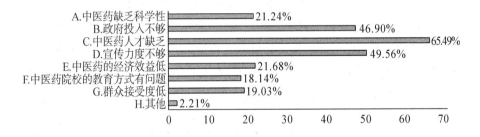

图5　当地居民关于制约中医药发展因素的看法【多选】

关于对今后中医药发展前景的态度，近半数（46.02%）居民认为比较乐观，近三成（30.97%）居民表示非常乐观，17.07%的居民表示一般乐观，5.31%的居民认为比较不乐观，无人认为非常不乐观。具体见图6。

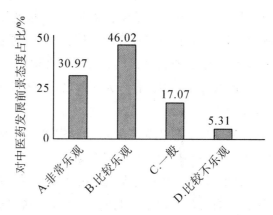

图6 当地居民对于中医药发展前景的态度

（四）当地居民的中医药相关行为

在疫情发生以前，40.26%的居民首选中医作为看病方式，其中9.73%的居民认为中医若无效再选择西医；59.74%的居民首选西医，其中38.5%的居民认为西医若无效再选择中医。而在疫情发生以后，48.67%的居民倾向于选择中医治疗，51.33%的居民倾向于选择西医治疗。78.76%的居民曾接受过中医药诊疗，21.24%的居民没有接受过中医药诊疗。

针对中医药保健方式选择倾向，选择服用中药（67.7%）的居民最多，过半数（56.19%、51.77%）居民分别倾向于食疗和针灸、推拿，倾向于刮痧、拔火罐的居民有38.5%，倾向于打太极、健身气功等的居民有21.68%，只有极少数（2.21%）居民表示对此都不感兴趣。具体见图7。

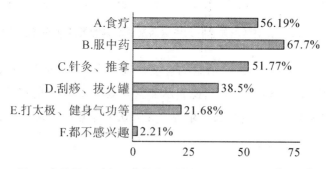

图7 当地居民对中医药养生保健方式的选择倾向【多选】

在平常饮食中，69.91%的居民会偶尔使用中药材做食材，如枸杞、山药、当归等，约四分之一（25.22%）居民经常使用中药材做食材，仅有4.87%的居民从不使用中药材做食材。

大部分（68.14%）居民通过网络媒体获取中医药在疫病中运用的相关资讯，57.52%的居民通过电视新闻以及报纸获取中医药在疫病中运用的相关资讯，55.31%的居民通过周围朋友口耳相传获取中医药在疫病中运用的相关资讯，38.94%的居民根据国家发布的疫病治疗手册获取中医药在疫病中运用的相关资讯。具体见图8。

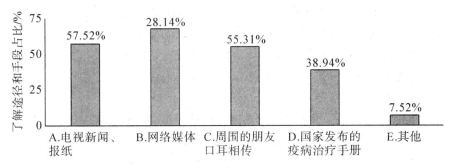

图8　当地居民了解中医药治疗疫病疗效和手段的途径【多选】

关于中医药文化的获取途径，63.27%的居民希望通过短视频等网络媒体宣传中医药文化，57.96%的居民希望通过中医义诊活动带来中医药诊疗体验，46.46%的居民希望通过专家讲解中医药相关知识的讲座，中医药传统技术演示占34.07%，开放中医药博物馆得到34.07%的居民支持，出版通俗易懂的关于中医药方面的图书、影视作品等占37.17%。具体见图9。

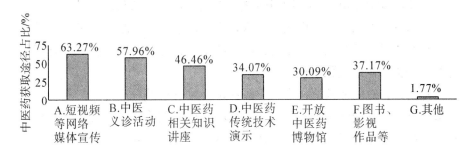

图9　当地居民中医药文化的获取途径【多选】

七、调研总结

（一）调研发现的问题

（1）受教育程度低的群众对于中医药的了解程度较低。

（2）部分居民对中医药的接受程度较低。

（3）中医药的健康行为执行情况不甚理想。

（二）建议：可能的解决措施

"知、信、行"是一种行为干预理论，即通过一定途径获得信息，掌握知识，内化为独立思考和吸收为个人信念，进而支配自身行为。也可以简单地认为是：信息→知→信→行→促进健康，其中知识和信念对行为的促进起着至关重要的作用。笔者希望以该理论为载体，探求中医药提升大众健康素养的良性链条。

1. 知：多方位、多渠道、多人群，促使中医药信息科学全面地传播

开展中医科普讲座、中医药进社区、打造中医药博物馆、中医药文化墙、出版有关中医药图书及影视作品等，利用视觉、听觉等辅助潜移默化正面影响、医学院大学生暑期"三下乡"活动，同时也是加深自我情感认同的方式。抓住网络媒体阵地，加强各种途径的媒体推广普及，如当下流行的短视频、订阅号阅读，出版通俗读物，打造影视作品等。通过这一系列方式增强群众的理论认知，并关注重点人群，分人群构建不同的科普体系，如中老年人、青壮年人，促进中医药知识进社区，带动社区居民有意识地通过中医药知识维护自身健康。

2. 信：破除误区，提振对中医药文化的信心和情感认同

从医学教育出发，将中医药"大医""仁术"等思政元素融入医学教育，促进中医药业内人士、中医药学生的专业素养和人文关怀，提升职业道德，增强中医药文化自信。

不少人持有中医药不科学、中医药是封建迷信的观点，对树立中医药良好信誉、巩固群众基础不利。相关部门应积极破除谣言，树立中医药正能量形象，积极引导大众将信念转化为行动，将中医药理论运用于实际生活中。而在这些信念中，要让人们去理解中医药文化的内涵而不是形式，从根本上去颠覆只求药方而忽视原理的治标不治本的治疗手段，使中医药"治未病"的理念融入百姓生活，从自己开始了解如何保持健康，远离疾

病，提升国民养生保健的意识，使国民中医药素质不断提高。

3. 行：推动中医药在生活中实践，助力中医药家庭保健发展和提升选择中医药倾向

（1）经常举行中医义诊，提供针刺、灸法、运动疗法、推拿按摩、香疗、食疗、情志疗法等中医特色疗法，在体验中促进居民了解、加深居民认知，拉近中医药与居民之间的距离，助推广大居民自发主动学习相关中医药知识，将中医药知识和技术渗透运用到日常生活中。笔者所在"三下乡"团队多次举行中医义诊，提供推拿、拔火罐和针灸服务，吸引了众多居民前来体验。在实践和交谈中，我们发现绝大多数居民愿意尝试和对此感兴趣，尤其是患有慢性疾病的中老年群众。有研究表明，将中医药方法运用于家庭保健中，对病患健康及生活质量的提高有益。在人口日益老龄化的今天，自我保健意识的提升对于患者的生存质量改善和节约医疗资源都起着重要作用。

（2）提升中医药医疗报销比例，从经济源头出发，促进社区居民采用中医药治疗手段的积极性，发挥中医药治疗"简、便、效、廉"的优势，切实降低群众就医负担。

数字乡村非试点地区群众对于智慧农业建设的认知度及意愿影响因素研究

2020 级医学影像学 2 班　徐孟洋

一、调研基本情况

（一）调研背景及意义

智慧农业又称数字农业、精准农业，是现代科学技术与农业相结合的新型业态，以此实现智能化管理，它是农业生产的高级阶段。数字乡村是网络化、数字化、信息化在农业农村中的运用过程，既是乡村振兴的目标，也是建设数字中国的重要内容。智慧农业建设主体的认知最终将影响其推广和发展。当前正值智慧农业建设的初期，"数字乡村"尚未进行全面推广和试点，非试点地区数字基础设施尚需完善。本研究通过调查数字乡村非试点地区群众对于智慧农业的认知度和建设意愿，探查智慧农业的推广及建设情况、潜力及原因，并提出针对性意见，希望为推进智慧农业的发展、推进全面乡村振兴贡献一分力量。

（二）调研内容

（1）了解当地（数字乡村非试点地区）群众对智慧农业建设的认知、意愿。

（2）分析影响群众对于智慧农业建设认知度和意愿的因素。

（3）为提高群众对于智慧农业建设的积极性提出针对性意见。

（三）调研地点、方法

本次调研于内江市隆昌市进行线下随机抽样问卷调查，问卷内容参考文献资料和所需情况自行编制，分为以下四个方面：被调查者自身基本情况、对智慧农业建设的认知程度、智慧农业建设意愿影响因素，共计 20 个条目。共计发放问卷 245 份，回收问卷 245 份，其中有效问卷 243 份，有效率为 99.2%。调研数据采用 SPSS 23.0 统计软件进行统计分析，组间的各个变量与对智慧农业建设的认知程度和建设意愿的相关性分析使用多元 Logistic 相关性检验，选取标准均为 $P > 0.05$，即差异有统计学意义。

（四）调研时间

本次调研时间为 2022 年 7 月 8 日至 14 日。

（五）调研结果与原因分析

1. 当前智慧农业非试点地区群众对智慧农业建设总体认知度较差

调查显示，非试点地区群众对智慧农业的总体认知情况为："从未听说过"（25.93%）、"听说过但不了解"（48.97%）、"了解一些"（22.22%）、"非常了解"（2.90%）。可见当前非试点地区智慧农业推广程度较低，智慧农业的群众基础较差。这可能与智慧农业尚未在非试点地区开展或普及、群众的智慧农业意识不强有关。居住在城镇的群众"从未听说过"智慧农业的比例（41.3%）约为居住在乡村地区的群众（20.6%）的 2 倍。这可能与其职业和信息获取能力有关，例如居住在乡村的群众从事农业者比例较高，信息获取途径较多，对智慧农业的了解程度相对较高。具体见表 1。

表 1　城镇和乡村群众对于智慧农业建设政策的了解情况

项目	从未听说过	听说过但不了解	了解一些	非常了解	总计
占比	25.93%/63 人	48.97%/119 人	22.22%/54 人	2.90%/7 人	100%/243 人
乡村群众	19.13%/12 人	53.90%/34 人	23.80%/15 人	3.17%/2 人	25.93%/63 人
城镇群众	41.67%/75 人	34.40%/62 人	20.60%/37 人	3.33%/6 人	74.07%/180 人

2. 居民对于智慧农业的总体建设意愿

调查显示，群众对智慧农业建设的意愿情况（见表 2）为："十分愿意"（32.92%）、"有意愿参与但缺乏途径和技术"（35.39%）、"支持建设但本人不参与"（30.87%）、"不支持"（0.82%）。可见，群众的智慧农业总体建设意愿较强，但多数群众有顾虑，技术基础是建设智慧农业意愿的主要障碍。智慧农业建设的不同意愿群体对智慧农业建设的好处和障碍的选择总体上趋于一致。缺乏技术支持和资金来源是智慧农业发展障碍的主要原因。

表2　对于数字乡村—智慧农业的建设意愿

十分愿意参与	有意愿参与但缺乏途径和技术	支持建设但本人不参与	不支持建设	总计
80 人/32.92%	86 人/35.39%	75 人/30.87%	2 人/0.82%	243 人/100%

3. 居民资金、收入与智慧农业建设意愿呈显著正相关关系

调查显示，居民资金、收入与智慧农业建设意愿呈显著正相关关系。"家庭年收入 5 万元以下"有 1.257 倍的概率会选择"支持建设但本人不参与"，而"家庭年收入 5 万~15 万元"与"15 万元以上"的概率则为 5.081 倍、3.824 倍。"有足够资金"与"没有足够资金"相比，有 0.457 倍的概率会选择该项，即没有足够资金的人更容易选择此项，与"家庭收入"结论一致。可见，经济收入越低、资金越少，可能越不会选择参与智慧农业建设。

4. 信息获取能力与智慧农业建设意愿呈正相关关系

调查显示，信息获取能力与智慧农业建设意愿呈正相关关系。即"通过报纸及书籍"获取信息比"不通过报纸及书籍"获取信息有 1.558 倍的概率会选择"支持建设但本人不参与"。对于身边是否有亲人、朋友使用智慧农机，"有很多"比"有"有 0.333 倍的概率会选择该项，而"有"比"没有"的选择概率则为 0.244 倍。可见，信息获取能力越低、获取途径越少，越有可能因为不了解智慧农业建设政策、途径或技术、红利等而选择不参与智慧农业建设。

5. 感受体验与智慧农业建设意愿呈显著正相关关系

感受体验与智慧农业建设意愿呈显著正相关关系。"能感受到很多智慧农业带来的机遇与实惠"与"完全没注意到智慧农业带来的机遇与实惠"相比有 0.149 倍的概率会选择"支持建设但本人不参与"，可见居民感受到建设所带来的红利越少，越不会参与到智慧农业的建设中。

6. 创新意识与智慧农业建设意愿呈显著正相关关系

在征用田地建设实验基地意愿调查中，有94.2%的群众表示"愿意"；"十分愿意"参与智慧农业建设的群众主要是"非常愿意"，其他人群则主要是"比较愿意"；在居民开展技能培训的意愿调查中，总体上"愿意"开展培训的群众（53.5%）比例略高于"不愿意"（46.1%）；"十分愿意"参与智慧农业建设的群众"愿意"培训占比（73.80%）高于"不愿意"占比（26.20%），而不支持建设的群众基本都"不愿意"开展技能培训。可见群众总体参与培训的意愿不太高，居民个体创新性不足，这可能与其受教育程度等有关。总体上，居民征用田地建设实验基地和参与技能培训意愿与参与智慧农业建设意愿呈正相关关系，即越愿意征用田地和参与培训的居民，越有意愿参与智慧农业建设。

二、结论

当前智慧农业建设存在区域发展不均衡、受众有限等问题，数字乡村试点地区各项工作有序推进，而非试点地区智慧农业推进推广工作较为滞后，具体表现在非试点地区群众对于智慧农业的认知程度较低。例如此次调查的内江市隆昌市，当地仅有25.1%的群众表示了解智慧农业，其中仅有2.9%的群众表示非常了解智慧农业；而城镇居民中从未听说过智慧农业的高达41.3%，几乎是乡村居民（20.6%）的两倍。可见，当地群众对智慧农业的认知度比较低，且认知情况存在乡村、城镇不均衡特点，这可能与智慧农业宣传普及不到位、居民自身农业意识不强、对时事新闻等关注度不够以及居民工作环境等有关。加大智慧农业宣传力度，将宣传实践化、日常化，点对点落实到个人，加强学生、居民素质教育等，可能是解决此问题的关键。就智慧农业建设意愿来讲，多数群众表示愿意参与智慧农业建设，但大多数群众有顾虑，认为资金和技术是两个关键点。调查发现，资金和收入、信息获取能力、智慧农业感受体验、创新意识与智慧农业建设意愿呈正相关关系。提供政策优惠，保障智慧农业从业者一定资金流、减少相关费用，加强基础信息设施建设，提高群众信息获取能力，提升群众体验感受，提倡社会创新风气，将有利于提高群众智慧农业建设意愿。

三、建议

（1）加大智慧农业宣传力度，重点报道典型人物和成果。加大电视、网络、纸媒对智慧农业的宣传力度，扩大、增加其版面；重点宣传报道典型人物和重大成果，设立智慧农业相关奖项，加大奖励力度，增加主流媒体报道，鼓励其开设讲座，引导群众参与、学习和竞争；鼓励基地因地制宜打造农业品牌；鼓励学校和政府进行多形式推广，与当地智慧农业建设基地取得联系，带领群众、学生实地参观学习。

（2）提高群众信息获取能力。建立和完善网络基础设施，完善智慧农业村、镇、市、省四级线上线下交流窗口，为当地群众提供信息咨询、双向择业、技术指导、交流学习等智慧农业建设信息，保障群众基础的信息获取渠道。

（3）提高群众自身素养。提高义务教育质量，提升群众整体素质，有利于其接受智慧农业、掌握新型农业技术、掌握网络操作、提高信息获取能力和工作能力，培育创新思维，为智慧农业的发展奠定人才基础。

（4）政府提供资金投入方面的政策优惠。政府通过提供项目资金投入、降低贷款利率、放宽贷款限额，按比例提供政策补助等方式，可以在一定程度上减少资金对于智慧农业建设的阻碍。

（5）建立智慧农业技术共享平台。搭建智慧农业技术共享线上线下村、镇、市、省四级平台，线上提供技术云指导等服务引进技术，线下联系基地进行实地观察学习、讲座、培训考核等，用通俗易懂的语言解决智慧农业建设意愿的最大障碍。

四、社会实践思想感悟

在此次社会实践活动中，笔者跟随"三下乡"队伍来到内江市隆昌市。这次实践活动让笔者认识了很多优秀的朋友，我们在"三下乡"活动中相互帮助，共同进步。作为科研组的一员，我们每天和问卷打交道。记得第一次发放问卷，由于不熟悉话术、害羞等，我们队两小时只发出总问卷六分之一的量。回去总结的时候，我们相互交流调研情况，彼此借鉴经验，第二次就完成了一半的量，到第三次的时候，队员们已经十分大方有技巧，问卷很快就全部发放完毕。此时，笔者真正体会到了团结一致创造奇迹的感觉。

有一次执行任务，我们来到当地一个比较落后的村庄。在和当地老人交流的时候，老人说当地年轻人都出去打工了，只有老人和孩子还在村里，而且由于地形地势原因，当地甚至连个像样的农业机器都没有，更别说收成了。和许多老人谈话的结果都是如此。这里虽说不是沙漠、荒地，但放眼望去，地势高低不平，土地十分干旱，让笔者感受到了"面朝黄土背朝天"生活的艰苦。这样的土地，根本不会有工业和农业等的发展机会。由于青年人大量流失，这里的老人只能与世隔绝般守着自己的一亩三分薄地生活下去。这仿佛是笔者记忆中20多年前的农村，这也让笔者开始自省，也算自我勉励：原来还有一个地方这么落后，而自己的生活相比之下是如此的富足，那笔者又有什么理由不自信、不努力呢，同时笔者也更加坚定了努力实践的决心，希望能一直通过实践认识世间百态，帮助别人，也希望等自己有能力的时候能够去到基层，去到这样的乡村支教，帮助乡村人民获得更好的教育和发展。另外，笔者也开始认识到，我国城乡区域发展不平衡，农村青年人口流失、空巢老人等现象比较严重。笔者认为，将工厂、大学等迁入这些地区或其周边，带动当地经济发展，政府引进专业人员对当地进行评估、对环境进行改善和美化、带领当地群众因地制宜开展文旅农业等产业、提供青年回乡创业工作等福利、改善道路交通和通信条件等，可能能适当解决这些问题。

对于智慧农业建设，一些结果和感悟已经在前面有所陈述，但笔者认为，加强宣传和提升群众自身素质是主要推动因素。智慧农业建设作为"十三五"规划和"十四五"规划中的一环、作为乡村振兴战略中的重要环节，还未得到应有的宣传与非试点地区的重视。随着社会的发展，人民生活水平的提高、精神的富足，群众对智慧农业建设的认知度和建设意愿将有所提高。

暑期社会实践让我们走进社会。实践是检验真理的唯一标准，我们将课堂所学结合实践更加深入理解社会以及人生的真谛。希望以后拥有更多这样的机会，磨炼自己，将书本知识运用到实践中，不再通过单纯的刻板印象去看待事物，而是通过实践认识世界、总结经验并不断前进！

琅山村长住居民痤疮患病情况的
调查与分析

2020 级临床医学 21 班　朱炜杰

一、研究的对象、研究工具和研究方法

（一）研究的对象

笔者应用分层随机抽样法，于 2022 年 7 月 11 日至 2022 年 8 月 13 日从琅山村 791 户共 2 379 人中抽取 80 户共 303 人，进行实地走访调查，并做统计学分析研究。

（二）研究工具

本调查所用焦虑自评量表选自微信小程序"腾讯健康"中的"焦虑评测（专业版）"。数据分析评估标准：50 分以下为正常，50 分以上，分值越高，焦虑倾向越明显。痤疮认知调查问卷参考以往同类型调查问卷，并结合本村情况自行设计，每题 1 分，8 分及以上为"知晓"，8 分以下为"不知晓"。共发放焦虑自评表和调查问卷各 303 份，回收率为 100%。剔除无效问卷 21 份后，获得有效问卷 282 份，有效率为 93.4%。数据分析采用卡方检验，$P<0.05$ 为差异有统计学意义，$P<0.01$ 为差异具有显著性。

（三）研究方法

根据青年男女发生在额头与面部、前胸和背部的散在性黑头粉刺、丘疹、脓疱、结节及囊肿、皮损对称分布等特点判断被调查者有无寻常性痤疮，

并根据寻常痤疮国际改良分类法（Pillsbury 分类法①）将患者的痤疮情况分为Ⅰ、Ⅱ、Ⅲ、Ⅳ级（见图1），指导被调查者填写焦虑自评量表和调查问卷。为保证信息的真实性，此次调查采取匿名方式，问卷当场发放、当场收回。然后询问痤疮患者的个人患病史、家族患病史及相应的治疗情况。在统计中，笔者先对数据进行构成比率的描述性分析，再对相关因素分别进行卡方检验。

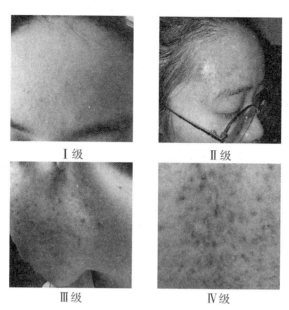

图1　痤疮分级图示

注：本照片为实际走访中拍摄，且取得了患者的同意与配合。

二、结果

（一）基本资料

303 例居民的痤疮发生率为 45.9%，女性患病率（46.6%）较男性患

---

① Pillsbury 分类法：

Ⅰ级：粉刺为主，偶有少量丘疹、脓疱，总病灶少于 30 个。

Ⅱ级：有粉刺，中等数量丘疹、脓疱，总病灶 31~50 个。

Ⅲ级：大量丘疹、脓疱，偶有大的炎性皮损，分布广泛，总病灶 51~100 个，结节、囊肿少于 3 个。

Ⅳ级：为结节/囊肿性痤疮或聚合性痤疮，总皮损数大于 100 个，结节、囊肿多于 3 个。

病率（45.0%）高，但统计学意义上的差异不显著（$\chi^2 = 0.080$，$P = 0.777$）。见表 1。

表 1 总患病率与男、女患病率差异

性别	人数	患病与否	
		非痤疮患者	痤疮患者
男	140 人	77 人（55.0%）	63 人（45.0%）
女	163 人	87 人（53.4%）	76 人（46.6%）
合计	303 人	164 人（54.1%）	139 人（45.9%）

（二）痤疮患者的分级构成

痤疮患者的主要分级为Ⅰ级，占总患病人群的 74.8%。其次是Ⅱ级（16.5%）、三级（6.5%）和Ⅳ级（2.2%）。发病部位由高到低依次为额头、颊部、口周、下颌、背部。各不同性别各分级间统计学意义上的差异不显著（$P > 0.05$）。具体见表 2。

表 2 不同性别的痤疮分级构成

分级	Ⅰ级	Ⅱ级	Ⅲ级	Ⅳ级
男性	45 人（71.4%）	12 人（19.0%）	4 人（6.4%）	2 人（3.2%）
女性	59 人（77.6%）	11 人（14.5%）	5 人（6.6%）	1 人（1.3%）
合计	104 人（74.8%）	23 人（16.5%）	9 人（6.5%）	3 人（2.2%）

（三）痤疮患者的治疗率

总体的治疗率较低，但女性治疗率明显高于男性，且具有统计学意义（$\chi^2 = 4.948$，$P = 0.026$）。见表 3。

表 3 不同性别的痤疮患者的治疗率

	有治疗	未治疗
男性	11 人（17.5%）	52 人（82.5%）
女性	26 人（34.2%）	50 人（65.8%）
合计	37 人（26.6%）	102 人（73.4%）

（四）痤疮患者的焦虑情绪

痤疮患者比非痤疮患者更容易出现焦虑情绪，且具有统计学意义（$x^2 = 5.746$，$P = 0.017$），见表4。女性痤疮患者比男性更容易出现焦虑情绪，且具有统计学意义（$x^2 = 4.659$，$P = 0.031$），见表5。

表4　痤疮患者的焦虑情绪（纵向比较）

	痤疮患者	非痤疮患者
有不同程度的焦虑情绪	36 人（27.1%）	23 人（15.4%）
无焦虑	97 人（72.9%）	126 人（84.6%）
合计	133 人（100%）	149 人（100%）

表5　不同性别的痤疮患者的焦虑情况（横向比较）

	有不同程度的焦虑情绪	无焦虑
男性	11 人（18.0%）	50 人（82.0%）
女性	25 人（34.7%）	47 人（65.3%）
合计	36 人（27.1%）	97 人（72.9%）

（五）居民对痤疮的认知情况

在282份有效问卷中，有42.55%的居民自认为了解痤疮，但调查结果显示仅28.72%的居民的问卷得分在8分及以上。全部问卷的平均得分为6.48分，见表6。居民主要通过网络（78.37%）、专业医生（34.40%）和书报、杂志（24.47%）（多选）等方式了解痤疮。

表6　居民对痤疮的认识【多选】

痤疮相关知识	认识正确分布情况
（1）痤疮是一种疾病	74 人（26.24%）
（2）痤疮并不只是出现在青春期	136 人（48.22%）
（3）痤疮需要治疗	115 人（40.78%）
（4）遗传因素会诱发/加重痤疮的发生	143 人（50.71%）
（5）经常熬夜会诱发/加重痤疮的发生	231 人（81.91%）

表6(续)

痤疮相关知识	认识正确分布情况
（6）不正确的护肤（如频繁更换护肤品、使用油腻厚重的护肤品）会诱发/加重痤疮的发生	196 人（68.50%）
（7）使用彩妆产品会诱发/加重痤疮的发生	205 人（72.70%）
（8）生活、工作或学习压力增大会诱发/加重痤疮的发生	237 人（84.04%）
（9）日晒会诱发/加重痤疮的发生	85 人（30.14%）
（10）油腻食品会诱发/加重痤疮的发生	252 人（89.36%）
（11）乳制品会诱发/加重痤疮的发生	67 人（23.76%）
（12）甜食会诱发/加重痤疮的发生	96 人（34.04%）

（六）居民的皮肤护理情况

与男性相比，女性有更好的护肤习惯，且具有统计学意义上的显著差异（$\chi^2 = 108.025$，$P<0.001$），见表7。与非痤疮患者相比，痤疮患者有护肤习惯的比例较高，但统计学意义上的差异不显著（$\chi^2 = 1.047$，$P = 0.306$），见表8。

表 7　不同性别人群的护肤比例

	有护肤习惯	无护肤习惯
男性	27 人（27.0%）	113 人（73.0%）
女性	129 人（79.1%）	34 人（20.9%）
合计	156 人（51.5%）	147 人（48.5%）

注：护肤习惯指能够规律规范地使用护肤品，间断不定时护肤归为无护肤习惯。

表 8　痤疮患者与非痤疮患者的护肤比例

	有护肤习惯	无护肤习惯
痤疮患者	76 人（54.7%）	63 人（45.3%）
非痤疮患者	80 人（48.8%）	84 人（51.2%）
合计	156 人（51.5%）	147 人（48.5%）

（七）痤疮患者的饮食习惯

本研究在对痤疮患者与非痤疮患者进行相关统计后，再对各因素进行卡方显著性检验，结果显示高糖和高油饮食这两个因素的 P 值分别为 0.006 和 0.022，具有统计学意义上的差异性。而乳制品的 P 值为 0.111，统计学意义上的差异不显著。另外海产品的 P 值为 0.007，说明海产品可能会减少痤疮的发生或发展。见表9。

表9　痤疮患者与非痤疮患者的饮食情况

饮食习惯	痤疮患者	非痤疮患者	χ^2	P
高糖饮食	22 人（15.8%）	10 人（6.1%）	7.540	0.006
乳制品	59 人（42.4%）	55 人（33.5%）	2.545	0.111
高油饮食	38 人（27.3%）	27 人（16.5%）	5.280	0.022
海产品	96 人（69.1%）	135 人（82.3%）	7.294	0.007

注：痤疮患者样本总数139人，非痤疮患者样本总数164人。

三、讨论

本研究发现，琅山村居民的痤疮患病率为45.9%，对痤疮的知晓率为28.7%；喜食高糖、高油食品为痤疮发病的主要危险因素。而饮食清淡、多摄入海产品可以减少痤疮的发病，规律性护肤也是改善痤疮状况的方法之一。

李灿新等调查发现，福建闽南地区人口的寻常痤疮患病率为86.9%，男性患病率高于女性，显著高于本次调查结果。另王续霏等的调查发现，云南、甘肃和四川地区的痤疮发病率分别为39.71%、35.68%和27.51%，显著低于本次调查结果。其原因可能是李灿新等调查的对象主要为青年学生，而本次调查的对象年龄跨度大，且多数人已经过了痤疮发病的高峰期，导致痤疮样本数量被稀释。气候的不同也可能是造成本地居民发病率较高的原因。根据中国气象网2021年数据，泉州地区的年平均气温为22.6℃，高于云南曲靖（16.4℃）、甘肃平凉（10.3℃）和四川地区（17.8℃）。研究认为，温度升高会导致皮脂大量分泌，特别是在20℃以上时，温度每升高1℃，皮脂分泌量大概增加10%。较高的气温为痤疮丙酸杆菌的增殖提供了条件，从而导致泉州地区的痤疮发病率高于王续霏等调查的区域。

在饮食方面，高糖与高油饮食促使人体内血糖升高，进而胰岛素的分泌增加，导致胰岛素抵抗和高胰岛素血症，刺激游离胰岛素样生长因子 -1（IGF-1）的分泌，使毛囊皮脂腺导管角化过度，促进痤疮的发生。乳制品富含酪蛋白，同样可以刺激 IGF-1 分泌，促进痤疮的发生和加重痤疮的病情。但本次调查中没有发现乳制品与痤疮的相关性。可能是本调查的样品量少，无法证明两者间的关系，也可能是村民摄入的乳制品少，摄入量不足以明显引发痤疮。此外，福建泉州位于沿海地区，海产品易得，所以经常食用海产品的人数较多。海产品中富含 ω-3 多不饱和脂肪酸。有研究显示，ω-3 多不饱和脂肪酸能恶化痤疮生存环境，减少痤疮的发生，同时也能减轻焦虑和抑郁，有利于痤疮患者改善焦虑情绪。

本研究还发现，女性较男性有更好的护肤习惯，79.1% 的女性会规律性护肤，而仅有 27% 的男性会规律性护肤。这与周田田等的研究结果一致。痤疮患者较非痤疮患者有更好的护肤习惯，但没有显著的统计学意义上的差异。

通常认为，面部清洁、保湿、防晒可以减少皮脂溢出，降低痤疮患病的风险。但本次调查却发现痤疮患者的护肤比例比非痤疮患者高。可能痤疮患者在患病后比非痤疮患者更注意皮肤的清洁，希望能阻止痤疮病情加重，而非痤疮患者人群不受痤疮影响，护肤的比例相对较低。另外，不正确的护肤方式反而会加重痤疮病情。不少人认为痤疮与缺乏清洁有关，适当的清洁不仅可以清除皮肤上的多余油脂、污垢和细菌，还能清除失活的角质细胞。然而错误的清洁方式，比如应用刺激性洁面剂或碱性肥皂频繁清洁皮肤，长期使用会使皮肤屏障遭到破坏，对外界刺激的敏感性增加，甚至加重痤疮病情。所以在进行走访调查时，我们还对受访者进行了护肤方法指导，希望居民能够科学护肤。

本研究还对居民的焦虑情绪进行了调查，发现痤疮患者的焦虑水平高于非痤疮患者，约 27.1% 的痤疮患者存在焦虑情绪，而女性出现焦虑情绪的比例比男生高而且程度较深。

Molla 等研究发现痤疮患者比普通人更容易出现焦虑，约 44% 的患者存在焦虑情绪，且女性痤疮患者比男性更容易出现负面心理。本次调查中的患者焦虑水平低于 Molla 等的研究结果，可能是因为不同地区人们的生活方式不同，种族间存在差异性，地区间文化、经济等多方面的差异因素导致。同时还发现治疗率和焦虑程度有一定的相关性，这也提示我们临床医生应当注意来看病的患者是否存在焦虑等不良情绪。当前的医疗模式也从过去的生物医学模式逐渐转向生物—心理—社会医学模式，不仅要评估患者所患疾病本身的严重程度，还需要考虑患者的心理状况，给予患者正确的引导，必要时要请求心理科介入，改善患者的情绪表现。

参考文献：

［1］李灿新，成改霞，蔡东华，等. 寻常痤疮辨症与发病的流行病学研究［J］. 江西中医药，2006（6）：20-21.

［2］王续霏，王媛媛，朱李婷，等. 我国部分地区痤疮患病比较及影响因素调查分析［J］. 世界最新医学信息文摘，2019，19（42）：301-302.

［3］MELNIK B C. Key Conductor of All Anti-acne Therapies［J］. Journal of Translational Medicine，2017，15（1）：195.

［4］周田田，郑玲玲，张艺丹，等. 护肤方式与青年学生面部痤疮发病关系的流行病学调查［J］. 实用皮肤病学杂志，2020，13（1）：6-8.

［5］崔若然，黄凌，陈瑾，等. 重庆市某高校610名大学生痤疮流行病学调查及危险因素分析［J］. 实用皮肤病学杂志，2020，13（1）：16-19.

实践感悟类

"三下乡"实践之彭州市健康急救科普入基层经历及感悟

2020 级护理学 10 班　郑雨

一、实践背景

党的十八大以来，以习近平同志为核心的党中央，坚持以人民为中心的发展理念，把保障人民健康放在优先发展的战略位置上，做出了实施健康中国战略的决策部署。2022 年是健康中国行动战略实施的第三年，群众健康素养稳步提升，健康生活方式得到逐步推广，疾病预防控制工作也取得了积极进展，健康中国行动的实施取得了明显的阶段性成效。

"急救"也是健康中国行动中重要的一部分，健康中国的实现离不开急救教育。在个人方面，健康中国行动鼓励公众积极参加逃生与急救培训，学会基本逃生技能与急救技能。而目前，根据笔者查阅文献和上网了解，四川一些高校设有急救教育公开课，一些单位也在定期进行急救教育培训，红十字会等公益组织也在积极宣传科普，我们在一些人群密集的公共场所也可以看到急救资源配置，但在一些社区、乡镇等基层地区，急救教育状况仍需改善，急救知识和技能普及度还有待提高。

大学生暑期"三下乡"社会实践活动是学校、社会为大学生提升自我、服务人民提供的一个平台。2022 年暑假，笔者也有幸参与了学校护理学院组建的一支"三下乡"队伍——川北医学院护理学院党员先锋"彭州急救行，芳华医路梦"健康急救实践队。

我们积极响应中华护理学会 2022 年护理科普活动周"科普促健康，携手向未来"活动号召，深入学习习近平总书记在庆祝中国共产主义青年团成立 100 周年大会上的重要讲话精神，发挥党员先锋作用，践行青年使命。我们队伍的活动主线是"急救科普"，将前往成都市彭州市开展急救科普教育、免费义诊、红色主题会演、电信防诈骗知识及国家资助政策宣传等一系列实践活动。我们队伍本次"三下乡"实践活动以提高人民健康素养为核心，以普及急救知识和技能为重点，以提高全社会应急救护能力为目标。重点是发挥医学生自身专业优势，利用自身社会辐射效应，做急救知识技能的普及传播者和行为促进者，推动提高急救技能社会化普及率。

二、实践目的与意义

贯彻落实《"健康中国 2030"规划纲要》，响应中华护理学会 2022 年"科普促健康，携手向未来"号召，通过义诊急救进社区、进乡镇，切身落实"健康知识进万家"的倡议，大力普及健康急救知识，提高居民紧急情况下自救互救能力，为建设"健康彭州"积蓄动力。同时深入学习、宣传、贯彻习近平总书记在庆祝中国共产主义青年团成立 100 周年大会上的重要讲话精神，通过免费义诊、急救培训、健康宣传等多种方式，学以致用、学以践行，真正做到"我为群众办实事"，勇担青年责任，发挥专业特色，在社会课堂中"受教育、长才干、做贡献"，发挥党员先锋的先进作用，引导同学们深入基层、奉献基层，共同献礼党的二十大！

三、实践概况

（1）队伍简介：笔者所参加的是川北医学院护理学院党员先锋"彭州急救行，芳华医路梦"健康急救实践队。队伍主要由预备党员和入党积极分子组成，分为科研组、新闻组、文娱组和后勤组四个小组，一位队长、三位副队长，均由学生党务工作者担任，中华护理学会全国护理科普教育基地负责人、川北医学院附属医院神经内科兼 NICU 护士长吴历担任队伍指导教师，带队教师为护理学院学生科辅导员老师，均为共产党员。

（2）实践地点：四川维奥制药有限公司，成都彭州市致和街道清林社区，濛阳镇的竹瓦社区、泉沟村，三界镇，桂桥村蔬香世家广场，新民路，彭州中学，白鹿小镇 9 地。

（3）前期准备：队伍在五月份就已集结完毕。六月份，队伍宣传工作、各组人员工作技能和急救技能培训有条不紊地进行着，会演节目进入筹备阶段。七月初，队长、副队长在学校"三下乡"启动仪式后前往彭州进行踩点工作，实践队联合春杏工作室加强对队员们进行急救包扎术、心肺复苏法和海姆立克急救法技能培训，通过 PPT、视频等多种方法，强化各队员急救知识和技能科普教育水平，并进行了试讲，以发现不足并不断改进。

四、实践具体内容

2022 年 7 月 6 日是我们"三下乡"社会实践的第一天。我们先后前往致和街道清林社区和四川维奥制药有限公司，以"急救培训强技能，护航群众健康行"为主题开展了急救科普实践活动。上午我们去了清林社区党群服务中心，集中对 40 余名居民代表进行了急救培训。吴历老师也全程参与我们的科普实践，进行细致指导。她以常见疾病脑卒中为切入点，将中风常见病因、发病表现、急救措施、预防方法娓娓道来，激发了居民们的学习兴趣。轮到我们进行科普时，笔者借助人体模型形象地演示了心肺复苏法，笔者的队友们用情景演绎的方式展示了针对不同年龄阶段异物堵塞气道时的海姆立克急救法和不同外伤的包扎方法。现场叔叔、阿姨时不时拿出手机拍照录像，还亲身练习每一种急救方法，积极与我们互动。我们也十分热情地邀请大家进行体验和练习，学会这些有用的急救技能。下午，我们去了四川维奥制药有限公司，药企团支部的江书记热情接待了我们。急救培训现场气氛仍像上午一样热烈，30 余名员工代表在观看我们的示范后，轮流进行现场模拟操作，我们在旁边及时纠正不规范操作，细致讲解操作要点。培训结束后，员工代表们亲切地与我们合影留念，还对我们的培训成果给予了充分的肯定。我们实践队联合了彭州市"爱之援"公益服务中心一同开展活动。"爱之援"是一个由退伍军人组建的应急救援公益组织，致力于对社区、企业、学校进行应急救护及灾害预防和自救能力提升。这个公益组织的职能与我们实践队的行动不谋而合，所以在接下来的三天我们都与这个组织一起共同开展活动。

7 月 7 日上午，两支队伍分别来到彭州濛阳镇的竹瓦社区和泉沟村，共同开展以"安全护航，健康生活"为主题的义诊急救宣传活动。吴历老师带队进行免费义诊，测量血压、血糖 50 余人，集中为社区老年居民们解答疑问，并开展脑卒中专题健康宣教，建议老人们要注意自身健康状况，预防脑卒中发生，或早发现早治疗，提高生活质量。队员们跟随"爱之援"志愿者走访街道、居民楼等地方，向居民们科普急救知识，进行心肺复苏法、海姆立克法、外伤包扎等急救技能培训。笔者当天在宣传组，沿街向周边商户、茶馆里的老人们发放电信防诈骗、禁毒、急救宣传手册，共计约200份，提高了村民自我保护和防范意识，促进了竹瓦社区和泉沟村群众安全健康防线的建设。

7月8日，我们仍跟随"爱之援"公益服务中心的志愿者前往彭州市三界镇综合市场，支起摊位，摆摊做科普，创意学急救。"最炫民族风"版心肺复苏舞、"沙漠骆驼"版海姆立克急救舞、情景表演式急救包扎……科普方式既有趣又接地气。当天我们也支起了义诊摊，进行血压血糖检测和健康咨询，集市上过往的村民纷纷前来围观。我们也走进茶馆或沿街进行禁毒、电信防诈骗宣传和急救技能演示。在科普现场，笔者看到有妈妈带着女儿来学习，也有爷爷特意陪着孙子孙女来学习急救技能，真的让人十分感动。

7月9日上午，我们去到彭州中学，为彭州中学学子、周边居民和部分学生家长讲解国家资助政策，详细宣传了国家奖学金、国家助学金、勤工助学、学费减免、补偿代偿等系列政策，重点介绍了国家助学贷款这一项准大学生们近期可以申请的资助政策，传达"不让一个学生因家庭经济困难而失学"的资助理念。我们还向学生们宣传了征兵政策。

7月9日傍晚，我们来到桂桥村蔬香世家和"爱之援"公益队伍一起进行路演。我们准备了《强军战歌》《映山红》等经典红歌，还有手势舞、双人舞、拉丁舞、街舞、吉他弹唱等年轻人喜爱的表演形式。夜幕将至，广场上的人渐渐多了起来，我们再次将"最炫民族风"版心肺复苏舞、"沙漠骆驼"版海姆立克急救舞科普法展示出来，穿插在路演节目中，对驻足观看的行人进行科普。

转眼就到了7月10日，是我们"彭州急救行"的最后一天了。我们早早乘车前往白鹿小镇，参观了"5·12"大地震遗址公园、领报修院等地，缅怀历史，也欣赏了白鹿小镇美丽的法式风格建筑，真的很高兴看到如今郁郁葱葱、一片祥和的白鹿小镇。我们在美丽的白鹿小镇拍摄了《国家》和《一起向未来》手势舞队伍宣传短片。至此，我们的"三下乡"之"彭州急救行"健康急救科普实践活动也接近尾声。

五、实践成果和成效

通过这五天的实践，我们队伍取得了很多的实践成果。

首先，最大的实践成果是，通过我们在社区、乡镇、企业、广场等地方深入展开急救科普教育，针对老人、儿童等不同年龄人群因材施教，切实提高了当地居民在紧急情况下的急救意识和急救技能水平。据接受急救技能培训的居民们反映，通过我们急救科普的理论宣讲和实际操练，他们学到了很多有用的急救知识，同时也认识到急救对挽救生命的重要性，多掌握一项急救技能，就多一分在危急情况下挽救生命的可能性。

其次，我们通过定点摆摊的方式进行免费义诊，为村民们提供健康咨询、测血糖、量血压等服务，这项服务在乡镇居民那里得到了良好的反响。实践期间，我们测量血压血糖约200人次，检测出高血压20余人，其中在濛阳社区检测出2名三级高血压患者。通过这些天的实践，我们发现接触到的乡镇居民中，老年人居多。老年人身体素质随年龄增长而下降，往往也有一些基础疾病，常见高血压、糖尿病等慢性疾病，容易诱发脑卒中，所以要加强对老年人血压血糖情况的监测。吴历老师指导我们，在义诊时不仅仅帮大家检测血压血糖，更要注意健康知识宣教，从饮食、活动、休息、生活习惯等多方面给予健康指导。吴历老师还建议血压太高者注意每天定时测量血压，及时去医院就诊治疗，控制血压升高。从吴历老师的科普中笔者也了解到，脑卒中又称"中风"，具有发病率高、致残率高、死亡率高、复发率高和经济负担高的"五高"特点。最新报告显示，脑卒中是我国成年人致死和致残的首位原因，且近年来发病趋势逐渐年轻化，所以我们要重视预防工作。我们还对居民们科普了脑卒中症状：一是脸不对称，二是胳膊抬不起来，三是说话不清楚。提醒大家警惕脑卒中症状，尽早识别和救治。越早发现、越早诊治，治疗和康复效果也越好。

我们还在利用多媒体进行讲解、现场进行急救知识与技能演示的同时，发放了南充市红十字会编制的急救小常识手册、电信防诈骗宣传单，"爱之援"公益服务中心还向居民们发放了禁毒防毒宣传单。几天下来，我们累计发放了500余份手册和传单。在发放的时候，因为有的老人不识字，我们还细心地向老人们讲解相关内容，建议大家将宣传单带回家，给家里的孩子们看看。

再次，在这几天的实践中，笔者发现青少年和中年人对急救技能的学习兴趣要大一些，尤其是小学生、高中生和家里有老人和小孩的叔叔、阿姨们。当我们在社区、在药企、在广场进行急救技能演示的时候，都能看到一些叔叔、阿姨们积极上前进行练习，在我们的指导下学习心肺复苏法、海姆利克急救法和不同部位的包扎方法。也有家长领着自己的孩子前来学习。小朋友的学习能力和学习兴趣都很强，在我们的鼓励下，他们也十分乐意将自己学习到的急救技能教给家人和朋友。其中心肺复苏急救法和海姆利克急救法是群众学习和操作次数比较多的方法。当我们在乡镇进行健康急救实践的时候，发现老年人较多，他们更多的是看我们进行演示，而愿意亲身体验者比较少，所以我们的科普方法以演示为主，会邀请一些学生配合演示和教学。相对于急救科普，村民们更喜欢义诊的方式，所以我们在乡镇进行实践时将重心放在义诊上，通过义诊为老人们进行血压血糖测量、提供健康咨询、进行健康宣教。

最后，我们的健康急救科普实践，切实提高了人们的急救意识，助力了"健康彭州"建设。通过不断实践、吴历老师的亲自指导和"爱之援"公益服务中心的帮助，我们也摸索出了一些健康科普的经验，为我们急救科普机制长效化奠定了基础。在个人方面，作为一名队员，笔者在实践中，各项急救技能更加熟练，沟通技能也在科普实践中得到了锻炼。作为新闻组的成员，笔者觉得自己的写稿能力有了一定的提升，尤其是投稿经历丰富了许多。笔者不断尝试投稿，虽然也有失败的时候，但通过和队友的共同努力，笔者还是将队伍风采展示在了校内外的一些平台上。作为一名医学生，笔者也觉得自己学以致用，将自己学到的知识和技能用到了实处，真正用到了人民身上。都说教学相长，在实践中，笔者不仅知识和能力得到提升，更重要的是精神上得到了锻炼，在克服困难、未来职业、自身使命等方面都有了更多的思考。笔者相信这不仅仅是笔者个人的感悟，也是咱们全体队员的实践成效吧。

六、实践收获和感悟

一路走来，此次"三下乡"实践活动令笔者感触良多，收获颇丰。

第一，增强了笔者的责任意识和回报社会意识。在实践过程中，看到大家在我们的指导下学会了这些关键时刻可以救命的技能，笔者会感到很满足，也会觉得自己的知识没有白学。尤其是有一次当我们要离开的时候，有两位小朋友还特意前来学习急救方法，让笔者觉得十分感动，对科普实践也有了更多的热情和动力。虽然我们教的知识和技能并不是那么全面，但我们的实践还是帮助大家提升了自己的急救意识和健康意识。同时笔者也深刻认识到，要用通俗易懂的方式对大家进行科普宣传，做更多群众想看的、群众能看懂的急救科普，这样才算是有效实践。"爱之援"公益服务中心的志愿者们长期坚持对人们免费进行急救培训，笔者不仅是一名医学生，同时也是一名入党积极分子，所以更应该向他们看齐，尽己所能，多为人民做贡献，用行动践行"我为群众办实事"的号召。

第二，在这次实践中，笔者在精神方面受到了很大的鼓舞，尤其是吴历老师的事迹对笔者形成了巨大的精神激励。吴历老师不仅在川北医学院附属医院有着近20年护士长经历，考取了执业医师证、健康管理师证、心理咨询师证、高校教师证等证书，还是中华护理学会全国护理科普教育基地负责人，长期致力于健康知识科普，而且吴历老师也非常友善，很快就和我们熟络了起来。作为一名"川贝"（川北医学院学子昵称），笔者理应追随前辈脚步，向榜样学习，努力提升个人专业知识和技能，希望今后也能像吴历老师那样成为一名闪闪发光的人。优秀的队友也让笔者看到了差距，研究生学长学姐们、多才多艺的学弟和学妹们、校内任职经历丰富的同级伙伴们，让笔者明白自己今后在各方面还需要多多加油才行。

第三，此次实践活动在笔者个人能力锻炼方面发挥了极大作用。就笔者自己来说，作为新闻组的成员，从前期队伍宣传、成员介绍、建队答辩，到后期新闻投稿、微博更新，笔者都一直参与其中并发挥了自己的作用。笔者知道我们新闻组就是队伍的嘴巴和眼睛，我们记录着队伍实践过程和成果，同时也需要让更多人知道我们在努力干的事情，那我们就能让更多人学习急救知识、学会急救技能，也让大家知道，我们青年一代并没有像网上说的那么颓废，我们也在用自己的方法创造价值，为国家努力做贡献。笔者知道我们工作的意义，所以在对待工作时认真细致、耐心负责，会按时写好活动稿件并积极投稿，就算一次两次没有成功，也没有灰心，不断修改，在中青校园、川北医学院官博官微等多个平台发表了自己的文稿，自己的写稿和投稿经验也更加丰富了。除此之外，笔者的交流沟通能力、解决问题的能力等都得到了锻炼，视野也得到了开阔。全体队员们的实践能力也有了很大的提升，笔者相信这对我们以后的学习都将起到积极的影响。

第四，收获了友情。很幸运，在这个夏天，笔者遇到了一群友爱团结的小伙伴。我们虽然都来自同一个学校，却属于不同的年级、不同的专业，如果不是这次"三下乡"社会实践，或许我们不会认识彼此。这次活动为我们提供了一个相识相知的机会，让笔者结识了这么多热心公益、乐于奉献的优秀伙伴。在共同奋斗的这些日子里，我们彼此之间建立了友谊，融洽相处，发挥互助友爱的精神。笔者又想起了自己生病那次，室友和队长对笔者特别照顾，喂笔者吃药，随时关心笔者的情况，真的让人非常感动，在此也十分感谢这群善良的小伙伴们！

只言片语，道不尽满腔的真情实感。通过这次实践，笔者更加坚信，我们并没有在象牙塔里"两耳不闻窗外事，一心只读圣贤书"，我们积极融入社会，也能用自己所学的知识向大家交上一份令人满意的答卷。这段经历，有美景，有美食，有美好的人，也留下了美好的回忆，是笔者大二学年的终点，也是笔者人生的一个新起点。无限的未来，都以现在为起点。在未来的日子里，笔者会带着这份美好和感动，带着思考和成长，去探索更广阔的生命长河，积极投身于火热的生活与工作！

七、实践不足及改进措施

"彭州急救行"回忆很美好，实践过程也算比较顺利，但说实话，我们还是遇到了不少困难，也看到了实践中有许多不足之处。

第一是我们急救科普的内容比较单一，主要就是各种包扎方法、心肺复苏法和海姆立克急救法，又从不同的年龄阶段、不同的情景情况对这三种急救方法进行展开教学。虽然我们把这三种方法做得已经比较细致了，但是我们还可以根据正值七月的酷热天气，开展一些中暑、溺水等方面的急救技能科普，可以更加丰富我们的科普内容，也对夏季易发生的一些问题更有针对性。

第二是我们的急救科普还不够接地气。在我们试讲时，吴历老师曾对我们说，我们的科普方式"太专业"了。虽然可以看得出大家很努力也很用心，但是我们没有考虑到，我们的科普对象是没有什么医学知识的普通老百姓，他们可能听不懂过于专业的这种科普方式。其实我们需要做的，就是将专业的知识深入浅出，以最通俗易懂的语言和方式教给大家实用的方法，让人们想学习、听得懂、学得会。通过努力，我们在实践第二天就将急救技能自编自导自演，优化为"最炫民族风"版心肺复苏舞、"沙漠骆驼"版海姆立克急救舞、情景式包扎等令人耳目一新、喜闻乐见的科普方式，效果确实比最初的方式好了很多，围观的人也渐渐多了起来。但笔者发现我们的培训内容还需要更加贴合人民需要。比如在科普心肺复苏法时，"爱之援"公益服务中心的志愿者就在急救情景中设置了很多问题，比如"你要救治者是一名已婚女性，她的老公就在旁边，不同意你解开他妻子的衣服及按压身体。在这种情况下，你救还是不救？救的话，该怎么救？"这些问题听起来或许令人尴尬，但不排除我们会遇到这种情况，所以也勾起了群众的好奇和思考，更能调动大家主动参与到急救培训中来。同时，志愿者也提醒大家，"在救治过程中要注意保护患者的隐私，救治女性患者时也要注意其穿的内衣是否带有钢圈，有的话应注意安全问题"这些比较细心的问题。笔者觉得我们在这方面就没有"爱之援"公益服务中心的志愿者做得好，没有考虑到这些在急救过程中也许会出现的问题。所以以后在科普过程中，我们应多一些思考，不仅要保证科普内容正确，更要让科普方式接地气，符合生活实际。

第三是笔者个人的不足之处，主要是笔者还不够自信。在第一天的实践活动中，笔者没有主动担负起心肺复苏科普的讲解任务。笔者总是担心自己讲不好，怕自己太紧张忘词，给大家留下不好的印象，所以让自己去做了演示任务。虽然心肺复苏急救法是我们学过的，笔者也做过很多遍，在上台前和小伙伴也一起排练了很多遍，但第一次在众多陌生人面前演示，笔者心里还是十分紧张。上台后，笔者还是因为太紧张而忘了呼救寻求帮助的环节，笔者后来很自责，但大家都没有责怪笔者。在接下来的这些天，笔者逐渐习惯起来，也和队友配合得越来越默契了。在第二天晚上，笔者因身体不适给队友们添麻烦了，对此感到很抱歉，但也被队友们的贴心关怀和照顾感动了。

凝聚青春力量，助力乡村振兴

2020 级护理学 3 班   刘旭

自习近平总书记在党的十九大报告中提出乡村振兴战略以来，乡村振兴战略就一直是国家发展战略中的重中之重。该战略明确提出农业农村农民问题是关系国计民生的根本性问题，必须始终把解决好"三农"问题作为全党工作的重中之重，实施乡村振兴战略。在"喜迎二十大，永远跟党走，奋进新征程"的时代背景下，无数青年选择回到自己的故乡，为实现乡村振兴贡献自己的青春力量。而我作为时代中的一员，自当响应国家号召，担负起自己的责任和使命。

因此，我选择利用暑期实践"三下乡"的机会，让更多的人了解到我的家乡，了解到这样一个曾在全省位列贫困榜第三的贫困县（已于 2020 年成功脱贫）。我很荣幸地加入了基础医学与法医学院赴泸州古蔺乡村振兴促进队的"三下乡"队伍。在队长的带领和队员的团结合作下，我们积极参与乡村振兴战略实施；在乡镇团委和村团组织的统筹下，参与开展乡村社会治理、公共服务、文化建设、生态文明建设等领域的实践活动，讲好乡村振兴故事，助力美丽乡村、文明乡村、善治乡村建设。在当地政府的支持和帮助下，我们积极运用好家乡的丰富资源，讲好家乡的生动故事，开展多种形式的生动活泼的理论宣讲、文化宣传和网络直播等活动，高扬主旋律、传播正能量。

在社会治理方面：第一，为进一步推进高校间交流工作常态化，我们队伍于 2022 年 7 月 8 日来到了四川警察学院展开交流活动。队伍依次参观了学校特色：铸剑池、英雄墙、新时代马克思主义讲习所等。随后，我们和四川警察学院的老师和学生代表在学生处办公室开展了座谈会，他们运用他们的专业知识并结合真实案例讲述了针对大学生群体的诈骗类型及相应防范措施，同时针对队伍接下来的行程安排，他们提出了一些指导性意见。此次活动初步建立了两校之间交流的一个途径，同时队员们对"保卫蓝"时刻将"为人民奉献"记在心中的精神无比敬佩。第二，为响应国家反诈骗号召，预防和减少电信诈骗案件的发生，我们队伍在 7 月 11 日前往古蔺县公安局参观学习。公安局负责人为我们普及了各种电信诈骗手段及预防方法。负责人特别提到，大学生作为电信诈骗受害者高发群体，必须要提高警惕，预防诈骗，并且有义务向他人宣传各种防诈骗知识。在社会治理方面，我们更加了解到电信诈骗在我们的生活中可谓是无孔不入，提高乡村居民的防诈骗意识迫在眉睫，我们要积极进行防诈反诈宣传。

在公共服务方面：第一，为弘扬爱老敬老的美德，助力爱心传播，7月 9 日，我们前往"爱阳光"老年公寓开展以"爱心义诊，传递温暖"为主题的活动。在此次活动中，我们给老人送水果，陪老人们聊天，询问了老人们的身体状况，给老人们普及慢性病如高血压和糖尿病的预防及平时需要注意的事项并且测量了血压血糖。活动结束后，老年公寓的负责人向队伍表示感谢，并说道："这里的老人们是很孤独的，能够谈心的人很少，多亏这次你们的陪伴，让他们在孤独中得到一份慰藉，也非常欢迎你们这些大学生的积极参与！"通过这次活动，我们深刻地意识到传递好"夕阳情"的重要性，在让更多的老人得到更多的关爱的同时，对同学们自己也是一种人生的洗礼。第二，为使青少年了解校园暴力的危害性和对青春期性知识的认识，从而促进学生的身心健康，建设平安校园、和谐校园，7 月 12 日，我们来到了泸州古蔺金兰街道东城街社区举办的主题为"校园暴力与性教育"的宣讲活动。在活动中，队员刘孜宇为小朋友们和家长们讲解了什么是校园暴力及怎样避免校园暴力的发生。而后，队员林菲雨为学生们普及了性知识，教他们懂得如何更好地保护自己。在宣讲结束时，队员们向小朋友们分发糖果和零食，并和小朋友们一起进行了有趣的互动小游戏，活动在一片欢声笑语中结束。此次活动让我们更加清楚地认识到在公共服务建设中，我们需要落实"从群众中来，到群众中去"的精神，加强与大众之间的紧密联系，才能促进乡村振兴发展。

在经济建设方面：为积极响应乡村振兴战略，引导和帮助队员们上好与实践相结合的"大思政课"，7 月 10 日，我们来到了古蔺和平村德恩香桃果园开展"乡村振兴，科技助农"活动。德恩香桃果园负责人带领队伍参观，并就果园的发展历程及未来规划进行介绍。此外，我们还通过直播的方式对果园进行宣传，在用语言介绍的同时，队员们还以试吃的形式进行宣传,以实际行动助力乡村振兴。本次活动锻炼了队伍成员的意志力,同时使队员们更深入地了解到古蔺地区的部分乡村振兴产业的具体实施情况。在乡村振兴中,经济建设是不可或缺的一部分,我们应该加强电商和科技助农相结合,促进乡村经济振兴。

在文化建设方面:为弘扬伟大长征精神,推动党史学习教育持续深化,传承红色基因,赓续红色血脉,7月13日上午,我们参观了红军四渡赤水太平渡陈列馆,并在基础医学与法医学院法医学系党支部书记伍勇带领下于"四渡赤水纪念碑"处缅怀革命先烈,拍照留念。通过本次参观学习,我们深刻感受到了红军奋斗的艰辛,长征精神也更加深入了每个人的心中。

当年陈独秀先生对青年寄语:"青年如初春,如朝日,如百卉之萌动,如利刃之新发于硎,人生最可宝贵之时期也。"今天习近平总书记寄语青年:"青年是整个社会力量中最积极、最有生气的力量,国家的希望在于青年,民族的未来在于青年。"青年是整个国家未来的希望,青年人应当与时代同前进,不辱使命不负期望,凝神聚气,共同助力乡村振兴,为早日实现中华民族伟大复兴"中国梦"贡献自己的青春力量。

暑期到遂宁市蓬溪县进行
"三下乡"实践的感悟

2020 级信管 2 班　方梨滋

毛主席说：社会实践不仅是检验真理的标准，而且是唯一的标准。在如今的中国，大学生大多身处"象牙塔"而不谙世事，从呱呱坠地对世界一无所知到如今桃李年华对知识和理论进行努力学习。毫无疑问，大多数学子对社会不了解，而我也是其中一分子，因此国家大力提倡青年学子积极参与社会实践，借此来锻炼自身能力，将所学的理论知识与社会实践相结合，不断完善自己，努力做到"学以致用"。社会实践可以在理想丰满时给你当头一棒，也可以在挫折磨难中提高自身修养。"空谈误国，实干兴邦"，在我看来，社会实践是一把钥匙，打开了通向新世界的大门。

在 2022 年暑假，夏日的热浪达到了前所未有的高度，但我毅然决然地选择投身于社会实践——"三下乡"。"三下乡"社会实践是为青年学子搭建的一个在实践中检验真理、增强本领的思政教育的有效载体，让青年学子在脚踏实地的实践服务中，经受锻炼、增长才干、丰富社会阅历，发现自身的缺点和不足并加以改正从而不断进步。

一、用实践去彰显青春之本色，用脚步去丈量乡村之沃土

"三下乡"的地点选在了我的家乡遂宁市蓬溪县。蓬溪，是我土生土长的地方，虽然是座很普通的县城，但这里有着优美的风景和深厚的"小城大书法"的文化底蕴，家乡的群众更以研习翰墨丹青为风尚，坚定着蓬溪历久弥新的文化自信，而我也因此荣幸地成了我们队伍的队长。

第一次参加"三下乡"社会实践活动，我也向学姐学长请教过，所以

一开始就推翻了"采菊东篱下，悠然见南山"那样的诗情画意的乡村生活，做好了"千磨万击还坚韧，任尔东西南北风"的打算。但是当我着手筹划此次实践时，才发现，要想自主组建一支队伍何其之难，要想开展好每一个活动何其之难，要想为家乡做点有意义的事何其之难。整个"三下乡"活动确实很考验人，甚至是五六点早起，晚睡最早是十二点，夏日难免蚊虫叮咬，活动难免高温暴晒，队员因此难免产生退缩情绪。但作为大学生，理应用实践去彰显青春之本色，用脚步去丈量乡村之沃土。当大家全心全意服务于实践对象后会发现，在他们的脸上洋溢着难以掩饰的成就之光。短短七天，在我家乡的见证下，我好好地学习知识、好好地体验生活、好好地提升自我，在实践中学真知、悟真谛；笃慎思、笃慎行。

二、用真情去呵护祖国之"花朵"，用温情去关怀国家之"财富"

儿童是祖国的花朵，是未来的希望，是人间的小天使。我们此次"三下乡"活动以留守儿童为主线，围绕着关爱儿童、教学书法和传播医学知识等开展。每天上午所开展的"童伴之家"志愿活动，让我这样的手残党深刻地感受到了做手工的乐趣，还有教小朋友们写硬笔书法，纠正写字的坐姿等，他们脸上所呈现的笑容更是让我感到温暖。一张彩纸、一根扭扭棒、一首《孤勇者》、一些防护小知识……置身其中，我也融入了他们当中。我已二十有余，很庆幸我遇见了这群小天使，让我回归稚童的纯真与美好。

老人是国家的财富，是社会的珍宝，是家庭的根脉。我们在活动的最后一天前往蓬溪县康乐养老中心开展文艺汇演，在向老人们送出关爱的同时，老人们也在向我们诉说他们的信仰。老人快板下的"打竹板，啪啪响，文化强国我来讲"，老人笔下的"真情感党恩，永远跟党走"都在体现着老一辈人对党带领着人民站起来、富起来的无限感恩。

三、用铭记去致敬英雄之时代，用传承去弘扬中华之文化

前往蓬溪，一定要去两个地方。蓬溪县是"中国书法之乡"，因此要去的第一个地方便是中国蓬溪书法馆。来到蓬溪中国书法馆，入馆即能感

受到书香气息扑面而来。书法馆一楼展示着各种书法文化、印章、VR（虚拟现实）投影、雕刻……在二楼，各式书法作品琳琅满目，每一幅作品都令人叹为观止。在场馆三楼的书法作品更是展现出蓬溪人民以书法文化来振兴乡村、振兴教育的渴望，一张张摄影作品中都记录着蓬溪人民用书法来推动脱贫攻坚的坚实脚印。这也是第一次让我直面领悟书法能起到振兴乡村的作用。书法是有温度有力量的，它是时代的见证者，也是时代的变迁者，更是中华文化的传承者。

第二个必去的地方便是旷继勋纪念馆。蓬溪县是一个"革命老区"，这里是中国共产党在四川省建立的第一个县级苏维埃政府所在地，而领导起义的旷继勋将军在2009年9月被评为"100位为新中国成立做出突出贡献的英雄模范人物"之一。为了解红军"虎将"旷继勋起义的事迹，跟随革命先辈坚守红色信仰，传承革命精神，那天，队员们怀着对烈士崇高的敬意走进纪念馆，在参观纪念馆的过程中，我心紧鼻酸，陈列的照片、雕塑、文稿在我脑海里幻化为有血有肉的实景。一个时代的觉醒，必然少不了急先锋，正如李大钊先生所言："我李大钊愿意当这个急先锋，九死而不悔，虽千万人吾往矣。"如今的文化强国，是一个个同心所向的先烈以血肉身躯堆叠而成的。勿忘国耻，铭记历史！强我中华，砥砺前行！多美啊，一句句铿锵有力的誓言，也是世世代代所信守和传承的使命与责任。中华好儿女，吾辈当自强！通过缅怀革命先烈，队员们感悟到应以先辈为榜样，认识到中国共产主义青年团始终站在革命斗争前列，有着光荣的历史。在鲜艳的团旗下，队员们庄严宣读入团誓词，永葆青春热血。

四、用行动去响应国家之号召，用奋斗去实现百年之梦想

"真情感党恩，永远跟党走"，为了迎接党的二十大胜利召开，我们在"三下乡"期间录制了对党的二十大的祝福视频，祝福的人上至敬老院老人，下至"童伴之家"的孩子。我不认同现在青年等于"书呆子"的说法，我们并非"两耳不闻窗外事，一心只读圣贤书"的学子。相反，我们用理想信念紧跟党的脚步，用学思结合坚持与时俱进，从实践中懂得知行合一，从知过必改中坚持得能莫忘。

社会是青年学子汲取经验的广袤沃土和生动课堂。这次短暂且深刻的社会实践，让我坚信，身为新青年的我们，走出校园，踏上社会，我们仍会交上一份令党和人民满意的答卷，我们的未来将在社会上书写与创造，我们一直在努力。奉献青春热血，听党话跟党走，以己之力，尽己所能，用我们的所学为社会竭诚服务，努力在建设中国特色社会主义现代化的道路上贡献自己的力量。从我做起，以饱满的热情投身中国特色社会主义现代化国家建设，共同为中国更加美好的明天而努力奋斗。

暑期赴南充市高坪区溪头乡进行社会实践的感悟

2020 级临床 14 班　林宇虹

一、引言

2022 年，回眸遥望，建党 101 年以来，中国共产党始终不忘初心、牢记使命、砥砺前行，经过不懈努力，综合国力实现历史性跨越，改革开放实现关键性突破，生态环境实现根本性好转，人民生活水平实现整体性提高，第一个百年奋斗目标已经成功实现，第二个百年奋斗目标任重而道远。我坚信中国共产党将带领全国各族人民，以长远战略为计，以远大目标为航，在接下来的百年里开启更加璀璨的征程。

为了响应党的号召，深入学习、宣传、贯彻习近平新时代中国特色社会主义思想，贯彻落实习近平总书记关于青年工作的重要思想，引导和帮助我们将理论和实践结合，在社会课堂中"受教育、长才干、做贡献"，坚定信念听党话、跟党走，迎接党的二十大胜利召开，2022 年 7 月 1 日，我们的队伍来到四川省南充市高坪区溪头乡，开始了为期一周的社会实践活动。活动期间我们紧紧围绕"喜迎二十大、永远跟党走、奋进新征程"主题，以公益服务为基础，走入基层社区，了解国情、感知社会、服务群众，走与人民群众相结合的成才道路。

二、正文

（一）实践时间及地点

2022 年 7 月 1 日—2022 年 7 月 7 日，南充市高坪区溪头乡。

（二）实践内容

7月1日15：00，在到达"农家乐"，收拾好行李后，我们跟随当地村支部书记参观了溪头乡的柑橘产业基地。一路上可以看到漫山遍野的柑橘树，虽然还未到柑橘成熟的时节，但树上已经结满了青涩的果实。根据书记的介绍，我们了解到当地传统的柑橘产业经过改革后建立了"苗圃培育—基地示范—规模发展—销售储存"的完整产业链，推动柑橘产业从单一卖果向花果经济和都市农业转变，实现业主、村民、合作社、服务组织多方共赢。柑橘一直是高坪区农民脱贫增收的支柱产业。这一传统产业的转型升级，在脱贫攻坚中也发挥了一定的支撑作用。近年来，南充市高坪区溪头乡柑橘产业虽然发展势头良好，但是由于技术方面、环境方面等多方面因素，溪头乡柑橘产业的发展还存在着一些问题。在乡村振兴战略背景下，溪头乡柑橘产业体系促进和推动农业农村现代化的步伐依旧缓慢。为此，我们试图探索其原因。

乡村振兴就是实现产业振兴、人才振兴、文化振兴、生态振兴和组织振兴，这其中发挥重要作用的是劳动力，尤其是青年劳动力。他们是乡村振兴的主要力量，是新型职业农民队伍的重要组成部分。通过走访当地居民，我们了解到如今溪头乡内大多数青壮年会选择前往城市发展，留守儿童和空巢老人问题十分严重，其中乡内有32.3%的村民年龄大于60周岁，这也是柑橘产业发展面临的主要障碍。在乡村振兴伟大战略引领下，如何促进青年劳动力回流成为这一战略能否成功的重要一环。通过查阅相关案例和资料，我们了解到促进青年劳动力回流的核心就是要以乡村振兴科学内涵为目标，提高农业现代化水平，优化农村生活环境，促进乡村治理和基础设施建设不断进步。我认为溪头乡可以在充分把握乡村振兴这一伟大战略的基础上，结合当地的政策法规、区域特点和产业结构等因素，提出吸引青年劳动力回流的建议和对策：首先是要着力解决制约农业农村发展的核心问题，如提高现代化水平、促进产业融合、增加金融和制度供给、培养专业人才；其次是政府应加强投入，引导资源向农村扩散，加大媒体宣传力度，转变社会对农村的负面印象；再次是改善农村环境，大力提升农村的基础设施建设和公共服务水平，改变农村面貌，建设治理有效的宜居乡村；最后要注重人才培养，增加对农村人力资本的投入，有针对性地开发和培育青年劳动力，抓好教育培训和指导建设。

乡村振兴战略为我国乡村发展指明了方向和道路，是农民共享国家发展成果的重要体现，是党对"三农"问题的重视和关心，体现了党坚持为人民服务，坚持群众路线的初衷。乡村振兴战略意义重大、影响深远。

7月3日下午，为更好地了解党史，我们在活动组的组织下开展了"党课进影院，光影暖人心"的红色主题观影活动。百年征程栉风沐雨，百年中国沧桑巨变。追忆红色峥嵘岁月，一百年或许太短，但是对于中国共产党来说，这一百年已足以"敢教日月换新天"，让曾经苦难深重的中国"旧颜换新貌"！中国摆脱了积贫积弱的窘境，真正意义上实现了"站起来""富起来"到"强起来"的质的飞跃。通过观看《建党伟业》，我从中深深地感受到了中国共产党奋斗的艰辛与不易，其救国于危难、救民于水火，其无私奉献、不怕牺牲的精神将永远在历史长河中熠熠生辉！通过《建党伟业》我知道，在101年前，中国共产党成立之初只有50多名党员，但是今天已经成为拥有9 500多万名党员、领导着14亿多人口大国、具有重大全球影响力的世界第一大执政党。通过《建党伟业》我知道，在101年前，中华民族呈现在世界面前的是一派衰败凋零的景象，但是今天，中华民族向世界展现的是一派欣欣向荣的气象，正以不可阻挡的步伐迈向伟大复兴！身为时代青年，我们更应铭记红色峥嵘岁月，在征服未来的路途上更加坚定、更加自觉！

7月4日下午，在当地居民的支持下，我们将当地留守儿童聚集在一起，为他们补习文化知识。学习之余，和他们谈心、丰富他们的课余生活。一直以来，留守儿童问题是一个需要我们长期面对的问题，党和政府也高度重视留守儿童的教育问题，而解决好留守儿童问题，对于促使留守儿童身心健康成长，对于解决外出劳动力的后顾之忧，对于维护社会稳定，都有着非常重要的作用！在本次公益服务活动中，青年志愿者们积极响应党的号召，关注社会，投身社会，更好地服务社会，关爱留守儿童，为构建和谐社会奉献自己的青春力量！

7月5—6日，为了将所学医学知识与实际相结合，进一步深入基层服务群众，我们在当地中心卫生院医护人员的帮助下来到溪头乡卫生所开展义诊服务及社会调研活动。在义诊过程中，队员们认真接待每一位前来参加义诊的社区居民，一一解答居民们的疑问，就相关疾病的防控提出相关建议。同时，我们还向来参加义诊的社区居民宣传如何通过健康的生活作息、饮食习惯等来提高身体素质，建议老年人通过清淡饮食、加强锻炼的方式来预防糖尿病、高血压等疾病。将所学医学知识服务群众，也是我们积极响应党和国家的号召，践行"为人群服务，为强国奋斗"的最好行动。

在义诊过程中，通过采访当地居民及卫生所医护人员，我发现了当地社区存在医疗服务资源紧缺和社区健康教育缺乏的问题。

第一，医疗服务资源紧缺问题。随着全面推进健康乡村建设，乡村居民医疗得到了越来越多的关注。农村基层医疗卫生服务机构是十分重要的基础设施，其直接关系到我国农村基层地区居民的卫生安全，我们要重视农村基层医疗卫生服务机构的作用，保障农村地区居民的身体健康，为我国社会安定和谐提供长期保障。但是在对溪头乡居民及医护人员进行采访过程中我们了解到，近年来新型农村合作医疗筹资难、医保报销待遇低、乡镇卫生院人才流失等问题严重，农村医疗服务资源紧缺。针对以上问题，我认为可以采取以下措施：①重视政府工作，强化制度认知。在最基层卫生医疗服务机构中，要确定政府的主导支持地位，不仅要给予相应的政策扶持，还要投入相应的资金支持。党员干部要向农村居民宣传有关政策，帮助农村居民享受到最适合自己的服务。②提高医疗服务水平，改善居民就医条件。政府应加大对贫困地区医疗投入，从医疗机构、医护人员、药品三个方面来满足农村居民的医疗服务需求，如扩建乡镇卫生院、引进高技术人才、提高硬件设施水平。同时，探索多样化的医疗服务方式，以满足不同年龄、收入水平和文化水平农村居民的医疗服务需求。

第二，社区健康教育缺乏问题。改革开放以来，党和政府十分重视农村社区健康教育工作。社区健康教育工作的开展改变了人们的生活方式以及生活状况，对人们的身心健康和社会的发展与进步都起着至关重要的作用。随着我国科学技术水平的提升，健康教育的范围开始逐渐拓宽，其由原本的个人理念转变为社会理念，逐渐引起了社会各界的广泛关注。近年来，在党和政府的不懈努力下，健康教育工作的开展取得了很大进步，但在一些经济比较落后的农村，以溪头乡为例，仍存在着社区居民健康教育意识薄弱、社区健康教育力量薄弱、健康教育体系不健全等问题。因此我认为，在针对这些经济落后的地区开展社区健康教育工作的时候，首先政府应加大宣传力度及资金投入，重视相关发展需求，通过健康讲座、健康宣传栏的方式，积极宣传健康生活的有关知识，提高社区居民对社区健康教育的认可度；其次应通过增加社区内运动锻炼的设施器材等基础建设，提倡居民主动锻炼，保证居民心理健康，增强体魄，提高自身免疫抵抗能力等；最后应该提高社区医务工作者的专业知识水平和健康教育意识，加强社区医务工作者对健康教育技能和方法的学习。

我们认为社区义诊，一方面增加了医学生的动手机会，将所学的医学知识运用于实践、服务于群众；另一方面能提高当地居民的健康保护意识，帮助社区居民及时发现潜在病情，并向他们普及健康知识，对增强疾病预防意识，促进身体健康，提升我国人均寿命，促进社会进步都有重要意义。

三、结束语

暑期社会实践，对我们大学生来说是一个很好的自我锻炼与自我提升的机会。许多事情只有接触得久，才能体会得深。社会是除了学校之外的博大精深的课堂，而暑期实践则给了我们这些还未走出"象牙塔"的学生一个锻炼的平台，让我们能够将所学的知识投入实践。古人云：天下兴亡，匹夫有责。大学生亦是国家和民族复兴的未来，在具有丰富的专业知识和技能的同时，更需要树立胸怀天下、以报国为己任的理想，尤其需要培养关心时局、独立思考和理解国家乃至世界形势和政策的能力。要让当代大学生了解中国的美好未来，新征程任重而道远。我们理应共同努力，谱写属于我们的新篇章。

四、致谢

感谢川北医学院和溪头乡居委会及各相关部门的支持与配合；感谢老师的悉心指导；感谢川北医学院临床医学院 2020 级"医心传波，馨心乡溪"赴南充市高坪区溪头乡志愿服务队全体队员的付出与陪伴。

乡村振兴：
青春志愿行，你我在路上

2020 级运动康复专业 1 班　詹筱乐

为响应党的深入基层号召，推动乡村振兴工作的开展，2020 年 7 月 7 日下午，我所在的川北医学院校团委赴盐亭"知农筑梦，绘兴志盐""三下乡"队伍前往绵阳市盐亭县，开启"三下乡"之旅，只为用心感知、感受盐亭的文化魅力，理解盐亭、融入盐亭，切实宣传盐亭文化。

一、走近肿瘤，实践增真知

7 月 8 日 8:00，我们前往四川省肿瘤医院盐亭医院开展活动，我们被分成五个小组跟随医生查房。医生对昨天的新添病例及以往病人的实时情况进行阐述，仔细汇报了新添患者的心率、呼吸、治疗方案、身体状况及恢复情况，同时详细汇报了长期病患的最近身体状况及活动能力并对其进行评估，稳扎稳打，逐渐推进后续治疗工作。

随后，医生带领我们前往不同科室观察、询问病人情况并对病人进行细心嘱托，语言亲切自然。在此过程中，我们看到了很多深陷肿瘤疾病的患者，身体消瘦羸弱，血管浮于皮肤之上，肿瘤夺走了他们的健康，但是他们仍然满脸笑意，以微笑回应苦痛，"不服输"是他们刻在骨子里的中国精神，一双双坚毅的眼神、一幕幕温情画面坚定了我们加强专业知识学习、成为优秀医学生的信念，纵前方荆棘塞途，亦一往无前！

二、采桑助振兴，传疾病知识

桑叶是蚕赖以为生的物质，而蚕则是农民赖以为生的基础。7 月 9 日 7:00，我们前往盐亭县黄甸镇，随着农户前往桑田，和他们一起采摘桑叶。夏日炎炎，吹不散大家的热血与激情，欢声笑语充满了整个桑田。随后，我们对农民进行医学知识科普，从导致乳腺癌的危险因素讲解出发，利用填写科普问卷、队员讲解等方式为农户科普最新乳腺癌知识，让农户切实了解日常生活与乳腺癌疾病之间的联系。本次活动的顺利开展，极大程度地提高了当地农民对乳腺癌疾病的了解。

三、绘青春蓝图，青年在行动

7 月 9 日 14:25，我们来到黄甸镇利和村集合。队长清点人数后，一部分队员将颜料、笔刷放置到目的地；另一部分队员来到当地村民家中打水、借板凳，活动由此有序展开。紧接着，我们将白颜料填补到整个墙面的斑驳处，随后再以浅色粉打底、深色粉勾线、颜料板调色补色。大家配合默契，动作一气呵成，场面温馨又自然。

活动井然有序，循序渐进，一幅充满乡村特色的农耕文化图逐渐展现在我们的眼前。随后，大家一起以草帽做底板，在上面描绘图案。可爱的小兔子、哆啦 A 梦展现了活力与朝气；浅色的花朵、蓝天白云展现了细腻内心；红彤彤的樱桃表达了大家对盐亭县农耕事业繁荣发展的美好祝愿。此次活动的顺利开展，加强了我们之间的交流与沟通，激发了乡村发展活力，促进了农户素质的提升，为持续推进"知农筑梦，绘兴志盐"的目标任务打下了坚实的基础。

四、科普照童心，急救知识惠健康

7 月 10 日 14:00，我们前往盐亭县黄甸镇湍江社区党群服务中心开展急救知识普及活动。活动伊始，我们向小朋友们提问了两个关于航天信息的小知识，激发了大家的积极性。紧接着，队员们开始进行现场模拟，"1001、1002、1003、1004……颈动脉恢复搏动，自主呼吸恢复……"大家的呼吸随着模拟的进行而变化，听到"恢复正常"，都不由得长出一口气。

模拟活动结束后，队员们开始讲解相关急救知识，用通俗易懂的语言详细讲解了被异物噎住、心脏骤停及烧伤烫伤等常见突发事件和意外伤害的抢救原则和技术手段等，并邀请小朋友体验简单的海姆立克急救手法。小朋友们一个个全神贯注地学着，场面其乐融融。之后，我们带领小朋友们来到活动室，讲解游园会活动规则，引导家长和小朋友进行游园会活动；科研组队员进行问卷调查，其他组协助分发问卷；新闻组队员随机对参加活动的家长或同学进行采访。家长们纷纷表示"很感谢有这次活动，学到了很多东西"。

五、展青年之风，承非遗之韵

为了解非遗文化的传承，增强人民群众非遗保护意识，接过传承非遗文化的时代接力棒，7 月 12 日 13:00，我们前往龙潭非物质文化传习所。

"以桃为躯，脱节而舞为'桃子龙'，它在以前一般用于农村祝寿、结婚等喜庆的场所，水龙则是用于抗旱、求雨、保丰收、保平安。"非遗文化传承人梁老师以讲解与实物结合的形式向队员们普及非遗知识。他强调，舞龙和配乐必须同时存在，音乐多是古代的打击乐和管乐曲牌，而不同场合的音乐高低也不同。

随后，梁老师教我们学习舞龙的基本功，大家都全神贯注地听着，一点一点修正自己的动作，汗珠一颗接一颗滑下脸颊，却目光坚毅，毫不松懈。

活动的最后，我们进行舞龙成果展示，以小碎步、跑跳步、小跑步为主，扭、挥、仰、跳、摇等动作为辅，一起造就了这场视觉盛宴。活动现场气氛异常活跃，好不热闹。此次非遗文化活动的顺利开展，进一步提高了当地群众对非物质文化遗产的认识，提高了非遗文化保护与传承水平，推动了非遗保护与传承事业可持续发展。

六、听党员讲故事，勿忘来时路

生命的质量大于生命的长度。于他而言，质量和长度他都拥有。他是谁？我们带你走进他的故事。

7 月 13 日 8:00，我们来到三河村老年人协会基地，与杨爷爷一起追忆革命峥嵘岁月，传承红色基因。清风随日出而起，云薄雾淡，好不清朗。

杨爷爷对我们的到来表示了欢迎。我们也为老人尽微薄之力：打扫卫生、表演节目、做一顿饭，而他也为我们娓娓道来他的故事，声音如泉流漱玉，静抚其心，万物都变得柔和了起来。

"他们不干我要干，我能干。但这不是一个人的事。要干好，不干好就对不起人民、对不起党。男女老少都要来参加。"杨爷爷教了几十年的书，退休后也总是闲不住，总想着怎么为三河村建设添新彩。他知道，想要乡村好，只靠他一个人的力量是不够的，必须依靠群众、发动群众、组织群众、武装群众，把人民群众的主观能动性调动起来。

2015年7月5日，杨爷爷与几位老同志一起成立了联合村村委会，并把自己的退休金都投了进来，为群众做实事，为三河村人民办了一个温暖的"家"。办坝坝宴、修公路、传宪法知识……七年的时间一下子就溜走了，随之而来的是实实在在、四通八达的20多千米公路，没用国家一分钱，做到了"人民的事情人民办，大家的事情大家办，不能依靠国家"的誓言，实现了"家家通公路"的宏伟蓝图。

"打铁必须自身硬，学无止境，""书上的知识不够，报纸上的知识也不够，我还要看电视上的知识。"杨爷爷说。杨爷爷这一生都没有停下学习的步伐，镇上每年都会为他订《人民日报》，但这些远远满足不了他对知识的渴求，他探求着农村里的知识、城镇里的知识，认真记录，亦步亦趋，紧跟着习近平总书记的步伐。

在他看来，要把一件事情做好，必须依靠真理的力量和个人的魅力。人是不分高低贵贱的，只是能力有强弱之别，需要互相尊重、互相学习。此外，杨爷爷与时俱进，新创了"1116"工作法，极大地提高了工作效率。

"我是谁？为了谁？依靠谁？"

"我是中国人，为了人民群众，依靠真理、依靠人民群众。"

杨爷爷2017年入党，此时的他已年满80周岁。他觉得，中国共产党是中国工人阶级的先锋队，同时也是中国人民和中华民族的先锋队，只有信任共产党，把中国特色社会主义道路走到底，才能成就大业，才能实现初心。铿锵有力的话语传到了队员们的心里，更加坚定了我们以天下为己任，将知识和能力付诸国家需要，将医学理想融入国家命运的信心和决心。在未来，愿与大家一起自信自强，团结一致，共创美好明天！

每月1号，盐亭县西陵镇三河村都会如期举办"老年活动日"。已退休20多年的杨爷爷却比上班时还忙，"热心人"杨爷爷身上有多个头衔，带领老年人，开展环境卫生整治；探望、慰问、照顾村里的孤寡老人，开展邻里互助结对帮助；建立社情民意台账，将群众的意见和诉求及时反馈给村党支部；积极参与秸秆禁烧、农村养老保险推广等工作。

杨爷爷这一路上，风风雨雨不计其数，心性的磨炼是潜移默化的，亦是深入骨髓的，未惧、未怯亦未退。他是千千万万个愿以己身报国之人的缩影，赤忱不悔，令人敬佩！"远山长，云山乱，晓山青"，他即是远山，知晓这山间青绿，只为后继者铺良道，为世人撑华盖。他以前的故事已经讲完了，而未来的故事将由我们与他一同书写。

七、共筑百年乡村梦，青年之志在心中

7月13日18:00，我们前往盐亭县岐伯广场开展活动，以文艺汇演的形式向盐亭人民传递党的红色精神，提升自我实践能力。在序章里，一首队员自编自导、写满了盐亭"三下乡"故事的说唱，唱出了我们心中的那股活力、那股韧劲。晚会主题由两个篇章构成，分别表达了恣意多变的青春、心中所愿的幸福。

街舞《你最最最最重要》表达了当代青年的青春和活力；急救模拟《抢救急救》以假人模拟事故的发生现场，引导广大盐亭人民了解和掌握急救知识，增强防控意识，让急救理念深入到每个人的心中；情景表演《直播：乡村振兴新活力》演绎了当代大学生接过乡村振兴的接力棒，以直播的方式推动乡村经济发展、促进父母态度改变的过程，与时俱进，紧扣时代的脉搏；歌曲《我好想你》唱出了当代青年人心中的柔和细腻的情愫，婉转又悠长。

朗诵《炬火》让那些如夏花般灿烂的先辈们，以舞台为基，且歌且舞而来，生命之火得以张扬；歌曲《红尘客栈》以不羁的腔调唱出了少年的风华正茂、意气风发；歌舞串烧《一起向未来》《我们都是追梦人》引导着青年们坚定理想信念、勇担青春使命；筝独奏《香山射鼓》将理性分析与感性激情融为一体，奏出了一幅同舟筑梦、海晏河清的盛世之景。最后，晚会在合唱《如愿》中圆满落下帷幕。

风劲帆满图新志，砥砺奋进正当时。时代召唤青年，青年创造未来。本次活动的开展切实推动了乡村文化建设，在红色基因赓续接力中贡献川

北医力量、延续川北医精神，让党的精神在缅怀中传承、在开拓中弘扬，让盐亭人民以饱满的热情喜迎党的二十大。

八、行青春志愿，你我在路上

"靡不有初，鲜克有终。"满腔热情仅是开端，潜心笃行方能致远。能力的蜕变是我对这段时光最好的答卷，也因此认识了不少志同道合之人，甚是感激，甚是欢喜。

前方之路荆棘塞途又如何？他人之疑目如盏盏鬼火又如何？山无拦，海无遮，我心炙热，不惧风雨，不死便不休。余下的日子，我愿做剑鞘，以护国家这把利剑，以荧荧之光造就日月之辉。

心有国，行无畏。盐亭"三下乡"乡村振兴之旅在合照中落下了帷幕。本次旅程全面提升了我们的综合素质，将川北医学子精神带入了青年的心中。我们愿将国家未来之大任承载于双肩之上，借实干提升自我，以笃行丰盈青春，以己身报国，书写光明璀璨之未来。

单位实习类

坚持依法行政，厚植为民情怀

2020 级财务管理 4 班　何舒

坚持人民至上，立党为公，执政为民，是中国共产党的本质特征。实现人民的愿望、满足人民的需要、维护人民的利益，是中国共产党的根本出发点和落脚点。切实把立党为公、执政为民具体地、深入地落实到各项工作中去，就要求我们在实践中进一步坚定执政为民的理念。趁着这次暑假，我进入了九寨沟县人力资源与社会保障局，实习办公室人员工作，以便进一步深入观察与学习如何为人民服务。

如果说政府单位是一个人，那么单位办公室就是人的大脑，它起到统筹协调多方面工作的作用，承担与各个单位打交道、向各部门传递信息、组织各类活动、布置各项会议的任务，可以说是一个综合性极强的部门，所以我这次社会实践就毫不犹豫地选择了去单位办公室学习。事实证明我的选择是正确的，通过在单位办公室这一段时间的实习，我受益颇多。

办公室的工作非常繁琐，比如收（发）电子文件、报送（领取）纸质文件、发布（接收）会议通知、协调主要领导与分管领导等各方会议、布置会议室、组织单位各项活动、补给各类办公用品等。这些工作十分繁琐、细碎，非常考验一个人的综合能力，就算实践的时间比较短，我依然学到了很多东西。还记得第一天去实习的时候，办公室王主任带着我熟悉各项业务。我的大脑还没有理清这些业务，办公室电话突然响了起来。王主任让我接听电话，原来是有一个紧急文件要取，就在对面大楼信访办。我顶着三伏天的大太阳，在两栋办公楼之间来回奔波。好不容易可以休息一下了，又被通知有一个会议，需要我给各单位办公室打电话通知会议。通知完毕后去布置会议室，只见会议的名称是"全州疫情防控视频调度会"。看着这个会议名称，我陷入沉思，原来我们在疫情严峻的局面下还可以安心生活，正是因为有政府防控调度，清廉高效的政府治理注定会营造出一个舒适安逸的社会环境。我看着办公室内的人们像工蜂一样忙碌着，突然觉得大家都很不容易，办公室的每一个人都心中有党、心中有人民，他们为乡村振兴、为城乡繁荣、为社会稳定而忙碌着，我们国家的每一个人都在为祖国更好的明天而在自己的岗位上奋斗，特别是在政府机构内，这种感受更为深刻。

由于各单位的电子文件大多数使用网络办公系统（OA），所以我必须要在短暂的实践中以最短的时间学会网络办公系统的运用流程，这对于我来说是一个非常艰巨的任务。它分为收文员和办公室收文员两个账号。办公室收文员账号用来收外单位文件，对已收文件进行登记，然后根据需要发送给相关领导；收文员账号用来检查办公室收文员账号是否发送成功，并对特别重要的文件进行二次报送。它的流程其实并不是很复杂，但文件种类繁多，我要辨认每一个文件主题思想，并把文件通过 OA 系统发送给负责对应事件的相关领导。每一位领导有不同的责任区域。比如杨副局长就负责乡村振兴、可持续发展、工资福利、政务服务等工作。所以对于才上岗的我而言这是一个庞大的工程。刚来上班第一天，办公室的姐姐就给我演示了一遍报送流程，我听得云里雾里的，但大家都很忙，我不好意思再占用她的时间了，所以我就去座位上整理了一下我看过一遍后的大致印象流程。第二天她又教了我一遍，结合第一天的笔记，我大概掌握了网络办公系统/OA 的流程。接下来的日子里，经过多次运用，我更加熟练了，但仅限于普通文件，对于特殊文件的处理方式还是不太会，毕竟时间有限，特殊文件较少，没有文件可以用来实践。但这也足够了，这都是在学校里学不到的宝贵经验。

除了 OA 系统，第二个让我头疼的工作就是接（打）电话，这主要涉及三方面：通知会议、接听会议通知、解决事件（问题）。第一个通知会议，顾名思义，就是本单位要召开会议，需要通知各单位领导参会，单位领导又分为主要领导和分管领导。会议通知也是一门学问，要准确清楚地通知对方会议时间、地点、会议名称、负责人、参会领导。第一次让我通知会议的时候我非常紧张，其实真正做起来也做得还不错，看到各位领导鱼贯而来参会，我心中非常有成就感。与通知会议相比，接听会议通知对于我而言要稍微难一点。接听会议通知就是别的单位通知我方领导参会。接这种电话时，需要拿一个笔记本记录下通知的内容，然后再通知本单位领导参会。一般是先去领导办公室口头通知一遍，然后通过微信再次书面详细地通知一遍，等到开会前半个小时再通知一遍，所以工作相对繁琐一点。解决事件（问题）就是群众打来的咨询电话，比如询问社保、农民工工资等咨询电话，这类电话要根据咨询人所描述的问题，去寻找相应问题管理部门的电话，然后反馈给群众，帮助他们解决问题。没有接触这个工作的时候，我以为领导干部都不是很忙，开始接（发）会议通知时，才发现领导干部几乎天天都有会议，有时候一天有好几个会，日程安排得满满当当的，几乎没有休息的时间。看着他们忙碌的身影，我由衷地感叹原来学生时代还是比较幸福的，所以在大学里更要抓紧充实自己，不留遗憾。

单位部门一切井然有序，就像一支磨合多年的军队一样配合默契，办公室主内，领导干部与其他部门主外，一切都运转顺利、有条不紊。正是因为大家的共同努力，互帮互助，各个单位才能够发展得越来越好。

爱岗敬业、服务群众、诚信友善、奉献社会，这些优良的品质在单位里随处可见。原本我以为政府事业单位可能会存在官僚气息，结果并没有，大家都非常和蔼可亲，阿姨们会给我买奶茶，叔叔们回来会问我工作情况，姐姐们会带着我做各项工作，非常有耐心，让我在实习期间感受到了家的温暖。当然他们在对待群众的事情上更加上心。在我实习期间至少有4次农民工讨要工资的事件发生，当农民工找到我们综合办公室来的时候，我们为他们准备茶水，耐心安抚情绪，劳动保障监察股帮助打电话咨询老板以维护农民工合法权益，还给农民工讲解劳动合同法，让农民工对法律知识有一定的了解，以防上当受骗。

还记得有一位阿姨来找仲裁股，可是当天下午仲裁股的负责人仲裁去了，那个阿姨就赖在办公楼里不走了，说要等人回来，今天必须把她的事情解决了。办公室的姐姐一边给那个阿姨倒水一边劝她："他们打官司去了，今天应该等不到了，我给你留个办公室的电话号码，明天一早你先给我们打个电话，他在我们就告诉你，你就过来，不然又要空跑一趟。"阿姨开始还不乐意，后来好说歹说才把她劝回去。在办公室的实践生活就像开盲盒一样，你不知道哪天会遇到什么样的人，不知道那些人带着他们什么样的故事。我们在工作过程中可以看到形形色色的人，就好像自己也经历了对于我而言她们很新奇的人生故事。通过每一个个体的故事，我们可以看到生活在社会各阶层人民不同的生活方式与烦恼。

在这次实践中，我有幸赶上了七一建党节的党建活动。由于周五是上班时间，所以活动定在了周六。活动当天，首先是人社局龙局长就建党

101 周年发表重要演讲，然后为各部门优秀党员颁发奖状，组织唱红歌，歌颂伟大的中国共产党，活动最后在欢声笑语中结束。

　　"纸上得来终觉浅，绝知此事要躬行。"在短暂的实践中，我深深地感觉到自己所学有限和在实际使用中专业知识的匮乏。刚开始的一段时间里，我对一些工作感到无从下手，茫然不知所措，这让我感到非常难过。在学校学习了很多的专业知识，没想到实际生活中需要的不仅仅是这些理论知识，更重要的是综合实践能力。在这段时间里，不管是思想上、学习上还是工作上，我都在实践中得到了锻炼和提高，取得了前所未有的收获，这些收获都是在学校里不可能得到的。在这次实践中，我发现了自己的许多不足，我会努力提高自己的专业与综合能力，向更好的方向发展。最后，我要感谢实践期间给予我极大帮助的王艾妮主任、财务室李思奇姐姐、办公室王智霞姐姐，以及龙局长和宋副局长。他们在我实践期间教会了我很多宝贵的实操知识。衷心感谢他们！

暑期药房实践实习记录

2020 级药学 1 班　张万平

　　我于 2022 年 7 月 5 日 8：00 在凉山彝族自治州宁南县妇幼保健院开始为期 15 天的见习，目的在于开展实践活动的同时感受了解医院药房的具体工作，好为未来的职业生涯发展做打算。虽然我所选择的医院规模不算太大，但是这 15 天依然让我受益良多。

　　我第一个见到的是药剂科科长，她的年纪跟我母亲一般大，一看就是一个睿智能干的人。她问我选择这个医院的原因以及我的专业，未来除了药剂方面还能做些什么，我都如实回答我知道的。她还跟我说药理学知识对药剂科的工作来说非常重要，建议我好好学，要学懂学透。接着她带我直接去了药房，给我介绍了师哥师姐，他们的年纪比我大不了几岁，有个师姐甚至仅仅大我一周岁却已经工作一年了。

　　随后科长向我详细介绍了药房的基本结构：西药房、中药房及两个仓库。她向我介绍、解释了很多细节化的地方。比如室内温度的控制是很重要的，西药房常温室的温度在 20℃～25℃，主要储存颗粒药及冲剂，而注射类药物及少数颗粒药的储藏温度必须保持在 20℃ 以下，疫苗及一些需低温储存的药物的温度要控制在 0℃～10℃，中药房的温度和西药房常温室的温度一样。

　　还有针对特殊药品的管理也很严格。麻醉药必须放在专门的保险柜里，每一支麻醉药的使用医生、患者、出药药师、时间及病症都得记录在册。我记录过最多的麻醉药是枸橼酸芬太尼。

　　科长还介绍了拿药的基本流程：患者先挂号再检查然后缴费最后拿药，拿药时必须提供收据和处方。处方按颜色来区分，浅绿色处方代表 14 周岁及以下的儿科，白色处方是普通患者或二类精神病，淡红色是麻醉药方或一类精神病，淡黄色是急诊。整个拿药过程一定要满足"四查十对"

原则，即查处方（核）对科别、姓名和年龄；查药品（核）对药名、剂型、规格和用量；查配伍禁忌（核）对药品性状和用法用量；查用药合理性（核）对临床诊断。通过"四查十对"能有效避免处方有误而开错药对患者造成二次伤害。一个药学生一般要实习及学习很长的时间并且经实习指导老师考验合格后才能成为一个合格的药剂师，才有资格从窗口递出药物。

拿药需要很高的效率才不会耽误患者及家属的时间，这就需要药剂师熟知每一种药的位置及性状，在拿药时做到快、准和备注清楚用量用法，在对待患者及家属时要非常有耐心地交代清楚药的用量用法，避免用药错误而贻误治疗。

科长交代给我的任务是熟悉药的位置及性状。药房里的很多药我都在药理书上见到过，可是还是不够熟悉，想不起来药的类型及主治方向，还得再多记。科长说我可以帮师哥师姐拿药但是不能递药出窗口。第一天师姐便让我试着帮她拿住院部的药，基本都是注射药，摆放比较集中，找起来比较简单，让我有找不到的就问她。我找好了以后她又挨个检查了一遍才让护士拿走。我觉得好像这也不是很难。

药房每周三都会组织一次集体学习，我在药房待了两周就参与了两次。第一周主要学习与中药的炮制相关的内容，师哥详细介绍了炮制的作用、方法及例子并解释了何为道地药材。师哥师姐在工作之余也一直在学习相关的知识。第二周主要学习抗菌药物的管理办法，内容很多但是具有系统性，要求也非常严格。

见习时我大多数时间都是在旁边看师哥师姐们工作，也时常会走到架子旁辨认各种药。根据我的观察，药房最忙的时间段是上午九点至十点、下午三点至四点。而师哥师姐是轮班制，保证药房一直都有至少两人。拿药最花时间的就是中药，有的还要打成粉末就更需要时间了。为了节省时间，我的一项任务便是填充中药房里的中药（从中药库房里拿到药房里），中药到货时也由我来放到对应的架子上。刚开始时，我真的是一头雾水，找不到中药的对应位置，照着单子一个一个核对才找得到。

闲暇时便听师哥师姐们聊天，听到他们的对话我好像更迷茫了，不知道以后会不会有机会进药房。在这15天中，药房经历了一次大检查，上面派人下来检查整个医院的用药情况。每一种药都要核对数据，如果有数据对不上就要挨批。我虽然不是正式的一员，但是也跟着紧张了一天。

药剂科科长每天都很忙，但是她总是会在8:30左右到药房来询问我的情况，督促我掌握各种药的信息。其中一个师哥会在没有患者来拿药的空闲时间自学考证，那时我便坐在我的座位上翻看科长拿给我的那本书。书的内容很全面，包含了我大学四年需要学习的全部重要科目。

15天真的好快，还记得第一天什么都不会也什么都不知道的尴尬，我这人也不善于交际，当时还在想这后面的十几天该怎么过啊。可是后来我好像习惯了每天7:58分准时到医院等着开药房门，然后穿上白大褂戴上蓝色防尘帽，接着记录药房各部分的温度以及湿度，检查中药房里的中药是否充足，在要下班时打扫卫生。我能做的确实不多，但也实在希望能在帮到他们的同时学到一些知识。

这15天让我有一种很充实的感觉。坐在窗口前，我看到了很多人，有独自看病、颤颤巍巍的老人，有牵不住的总是蹦蹦跳跳、活泼可爱的小朋友，有背着生活用品进医院待产的孕妇一家人，有满脸笑容、小心翼翼推着婴儿车出院的一家人……我坐在那里，好像看完了一个人的一生。

一个医学生的暑假医院实习经历及感悟

2020 级中西医临床医学 4 班　郑宇

　　实践是人生的必然经历、必要考验。小到个人，大到社会，社会实践的意义与价值都能得到具体的体现。参与实践之后我们不仅可以提升自我文化素养和综合素质水平，还能够作为改革发展进程的观察者和成果享受者、社会进步的参与者和推动者、美好时代的展望者和构筑者，让我们的个人价值交融、灌注到一起，凝练出一块块可筑出绚丽未来的基石。

　　而我们作为医学生，以后注定要为人类的健康事业奋斗终生，必须时刻持有坚定的决心和不懈的斗志。在多年的学习生活中，我们深知"纸上得来终觉浅"的道理，教材上收录的不过是庞大医学知识的冰山一角，光凭书本上的学习远不足以使我们拥有为病患祛除苦痛的资格，故而我们应当积极走出学校、走入医院，让实践中的收获与课本上的知识相互印证、互相完善，提前为以后的临床工作打好坚实的基础。

　　此次实践的目的地是位于成都平原西部的大邑县人民医院——一所三乙等级的综合医院。它拥有合理的人员结构、较为完善的医疗设施和优质的医疗服务水平；带动了区域医疗卫生事业的发展，提升了区域基层医院医疗水平和服务能力，正在向着建成成都平原西部群众最信赖，医务人员最向往，医、教、研一体的现代化医疗中心而努力。我为能在这样一所优秀的医院实践而感到万分荣幸且无比期待之后在那里的特殊日子，最终决定于 2022 年 7 月 15 日去医院开始参与相关活动与工作。因为那时算得上是自身状态调整得比较好的时间段，卸下了来自学校的学业压力，身心都得到了恰当的放松又不至于过度懈怠。于是我怀揣着对于即将到来的崭新体验的期望，以及对于自己缺乏一定的经验和工作能力的些许担忧，步入了医院的党员活动办公室。好在工作人员在得知我的来意并看过学校介绍信后，很是热情地把我安排到放射科辅助护士姐姐们工作，以减轻她们的负担。

鉴于我仍在学习阶段，知识储备还不足，护士姐姐们并未给我安排超出我能力水平的工作，我所需要负责的主要就是帮患者登记信息和打印检查单据。若说医院是保卫人类生命安全的坚实堡垒，医护人员就是时刻英勇奋战在前线的先锋斗士，我这两天也算得上是游走在战场的战地记者，虽未能做出对战局有重大影响的举措，但也实实在在地领略到了战场的风光、战争的残酷和打好战争、取得胜利的必要性和必然性。每天按时和护士姐姐们一起上下班，坐在渐渐熟悉的窗口前，我必须要使自己从迷迷糊糊的状态中挣脱出来，振作精神，以良好的精神面貌、热情的工作态度来面对病人及其家属。毫不夸张地说，医院实际工作和我们在学校学习时感观上有很大差别，相较于后者的轻松、较小的压力，在医院我们得时刻全身心投入，因为我们被他人寄予了厚望。每每坐在电脑前，抬起头就能看见一副副呈现了不同表情的面孔，或急躁，或紧张，或麻木。如果是刚入学那会儿，我的情绪也许会随病人情绪起伏，迫切地想要分担他们的痛苦；可我已经接触医学有一段时间了，也在医院见习过了，真正见过一些病案后我才能理解到人的意志、灵魂或许很强大，但在疾病面前他们的肉体还是显得过于渺小。其实若不是切实体验过，我们也很难真正做到和患者感同身受，与其让担忧充斥自己的头脑，还不如将它转化为强大的动力，投入到对病患的医治和服务中。这不是我们变得麻木了，而是情绪以另一种方式存在，是我们待人处事的方式更为成熟了。

我自以为早上去医院已经够早了，可每次到科室都会发现护士姐姐们早已在忙着自己的事，在和我亲切地打招呼的同时也没有停止手头的工作。我马上坐到属于我的位置上，稍做休整，就会迎来护工递来的一沓沓住院病人的检查单。还未等我完成手上的任务，需要在放射科做检查的门诊病人随即接踵而至，着实让我感到手忙脚乱，使我真切体会到医务工作的繁忙。在这几天的工作中，我观察到来放射科做检查的大致分为以下几类：担心孩子发育问题来检查骨龄的，遭遇突发事故来检查受伤或可能受损部位的，需检查某些部位以便于医生诊察病情的，等等。经过这几天的历练，我意识到自己看待问题还是有些欠缺经验，但我还是对观察到的现象和实际存在的问题做了浅显的分析。

（1）护士人数和繁杂的工作在量上不对等。个别科室，比如我所在的放射科就极为缺人，日常就只有两人当值，一旦遇到周一这种病人极多的日子，就会处处捉襟见肘，令人焦头烂额。尽管许多医院都面临缺护士的问题，医院也是在合理分配的前提下保证每个科室有尽可能多的人手来完成工作，但开展工作依然比较困难。各大医院期望学子能够早日成才，为各大医疗机构输送新鲜的血液。

（2）在个别位置缺乏一定的服务人员。在门诊大楼，确实有导医和相关人员可供病人及其家属咨询问题，可在大多数科室、窗口都缺这类人手。就拿放射科来说，排队的人太多，秩序必然会出现问题。目前主要靠护士在工作的时候抽空劝导，效率不高也耽误工作。还有就是打印胶片机那里，虽然有图文讲解操作步骤，可一些老年人难免有不识字的、理解能力差的，还是迫切需要专门有人能够兼顾取片的引导工作。很多简单点的事务，志愿者就能胜任，可他们大多属于学生，来实践的时间大多都在假期，不能满足医院平时的用人需求。我认为，如果医院能向社会开放一部分岗位就好了，既能够满足医院自身需求，又能提高社会就业率。

（3）部分从业人员尤其是护工的素质有待提高。虽然说护工的确是要为其负责的病人东奔西走，但他们也应做好和医护人员的协调工作，保证其有适当的工作量和处理事务的节奏性，提高工作效率，为患者提供更优质的服务。应尽量避免医护人员的工作"一波未平，一波又起"。

（4）医护人员和患者及其家属之间还是应该加强相互理解。医患关系早就是一个老生常谈的问题了。一般来说，医患之间的关系还是较为和谐的，但一旦涉及病人的生命安全和自身利益，病人就有可能会对医护人员的处理方法产生怀疑。可能因为地域文化、受教育水平、个人素质参等诸多因素影响，每个人对医生诊治过程的认知不同。有人认为医院的处理都是为了让患者接受更好的治疗，也有人认为过多的检查完全是"节外生枝"，根本没有必要。所以医院应尽可能向大众普及基本知识，或播放通俗易懂的短视频，或由专业人士对患者及其家属做简易讲解，让大家了解医院、医护人员的处理方法的科学性、必要性。

以上大致就是我这短短几天的所见所感。或许在专业人士看来这不够全面，有些幼稚，但它们都是我亲身经历所得到的，对我来说是难能可贵的经验。我认为，大学生都应该积极走出校园，走出舒适圈，参与到实践中去。尤其是我们医学生，当用眼看、用笔记、用心学，主动承担起为人类祛除病痛的责任，不负自己与社会。

青杠街道自建房安全隐患
排查工作实习

2020 级药学 4 班　肖凤英

"实践是检验真理的唯一标准。"社会实践是大学生走向社会的一个重要的锻炼环节，也是教育与实践相结合的具体体现，有利于大学生了解国情、了解社会，增强社会责任感和使命感；有利于大学生正确认识自己，对自身成长产生紧迫感；有利于增强大学生适应社会、服务社会的能力；有利于发展大学生的组织协调能力和创新意识。参加社会实践活动，是引导大学生走出校门、走向社会、接触社会、了解社会、投身社会的重要途径，有利于培养和锻炼个人能力和自身综合素质。社会实践拉近我们与社会的距离，增强我们的社会意识，在实践中开阔视野，积累经验，增长才干，进一步明确青年肩负的时代责任和成才意识。

为响应党对青年的号召，利用自我专业知识，增加社会经验，提高实践能力，了解基本国情，丰富假期生活，我积极参加"返家乡"社会实践活动，利用 2022 年暑假加入青杠街道社区志愿服务活动。

疫情要防住，经济要稳住，发展要安全，是党中央提出的明确要求。青杠街道党团支部以习近平新时代中国特色社会主义思想为指导，深入贯彻落实习近平总书记关于开展自建房安全专项整治重要指示精神，认真落实全国电视电话会议精神，深刻汲取危房倒塌的教训，坚持人民至上、生命至上，坚持统筹发展和安全，坚持远近结合、标本兼治。严格落实社区责任，按照"谁拥有谁负责、谁使用谁负责、谁主管谁负责、谁审批谁负责"的原则，依法依规彻查自建房安全隐患。组织开展"百日行动"，对危及公共安全的经营性自建房快查快改、立查立改，及时消除各类安全风险，坚决遏制重特大事故发生。推进分类整治，消化存量，力争短时间完成全部自建房安全隐患整治。完善相关制度，严控增量，逐步建立城乡房屋安全管理长效机制，以实际行动迎接党的二十大胜利召开。

我有幸能够在暑假参与本社区所属区域自建房安全排查工作，此次自建房安全排查整治工作共历时半个月。在这段时间内，我和社区工作人员以及其他志愿者完成了所在社区自建房的全面排查摸底，并依照上级方案开展"百日行动"，要求存在严重安全隐患的经营性自建房立即停止使用，社区对此进行管控，在隐患彻底消除前不得恢复使用。另外，社区为彻底整治隐患，方便管理，实施分类整治，建立整治台账，并加强日常检查，严控风险。

除旧纳新，资源整合。随着青杠街道经济与社会的发展，该地发展为工业园区，提供了更多就业机会，人口也在近20来年迅速膨胀，房屋需求量增多，经营性自建房应运而生，建造多而杂，且早期建房信息记录并不规范，房屋几经转手，信息多有不全。因此我们结合现有档案资料，以及人口普查走访资料，利用当地派出所提供的人口户籍资料，对照相关材料整合信息，落实自建房房屋登记的基本信息，进一步为自建房安全排查提供可靠支持，有利于安全隐患整治工作的进行。

我们在前期自建房资料整理过程中，对社区自建房所处位置和其他基本信息已大概掌握和熟悉。为进一步了解经营性自建房现状，我们组织了走访排查小组，对辖区内自建房开展走访工作。此次走访采取"三举措"，以便及时发现社区自建房安全隐患问题，严防脱管漏管，始终把严肃执法、确保安全放在首位。我们在现场排查过程中进行了以下工作：一是观察自建房外形是否有损伤、违规建设等严重安全隐患，通过现场观察照相记录，对标立本，为评估矫正风险和调整监管级别提供可靠的信息。二是拜访各家各户，询问核对房屋基本信息，如房屋户主、建造年份、所占面积等，以便后续安全整治工作的顺利进行。三是对住户进行房屋安全教育，引导各家各户提高房屋安全意识，树立合法使用房屋意识，及时发现问题、及时应对上报。同时通过再次学习《全国自建房安全专项整治工作方案》和强调房屋安全规定，给社区群众打好"预防针"，督促其服从监管、认真改造，不折不扣地遵守社区自建房安全整治工作相关规定。四是做好走访信息采集上报，对走访过程中搜集到的文字资料、图片资料等归类整理，及时进档，并及时上报。

我们经过一周的走访和现场排查，已经详细掌握了辖区内自建房的全部信息。我们经过整理，将自建房依安全等级不同进行分类，并及时上报上级，讨论整改方案，对具有安全隐患的房屋进行整治。为及时追踪自建房安全隐患整治进度，便于上级领导督促检查，我们将辖区内自建房的所有信息录入重庆市房屋线上系统"房屋建筑和市政设施调查系统（重庆）"。

我们坚持标本兼治原则，落实房屋安全管理长效举措，全面防范房屋安全隐患。通过多次会议和相关专家建议，我们实际进行方案如下：一是强化专项整治保障。针对此次专项整治，进一步强化组织、技术、资金保障。同时，成立专项工作督查小组，压紧压实各方责任，切实推动整治工作落地落实，使辖区内自建房安全隐患整治工作优质高效完成。二是规范自建房建设行为。社区内组织开展房屋安全宣传教育活动，进一步增强群众建房安全意识，安抚当前整治进行中的屋主情绪。严格落实建房审批制度，加大违规违法建房惩罚力度，严厉打击虚假出具房屋安全鉴定行为，做到除过去防未来，促进住房安全建设稳态发展。三是监控房屋定期检查。落实业主主体责任，组织发动业主开展房屋安全自查，形成自查上报清单；落实辖区属地责任，社区人员统一培训，进行"拉网式"、全覆盖的排查，形成辖区排查清单；落实行业部门的监管责任，按照"三管三必需"的原则，组织进行经营性自建房安全隐患排查，形成行业清单。我们有理由相信，一系列自建房安全整治措施的施行，可以有效杜绝相关事故的发生，从而遏制非自然灾害所带来的危险，促进社会和谐发展，保证百姓安居乐业。

青杠双路社区已全面完成排查整治工作，基本杜绝了房屋安全事故的发生，并及时更新了社区房屋信息数据，便于跟踪管理房屋安全情况，使房屋安全得到更多保障，助力人民安居幸福。为更好地减少各类安全事故的发生，青杠街道党支部已计划定期对辖区居民进行安全教育宣传，组织社区工作人员进行巡逻，阻止一切不利于社会和谐发展事故的发生。

我通过参与此次社区自建房安全排查整治工作，切实明白了房屋安全的关键所在。

房屋安全是人民群众安居乐业的基本保障。前有"诗圣"杜甫发出由衷之言："安得广厦千万间，大庇天下寒士俱欢颜，风雨不动安如山。"今有俗语："金窝银窝不如自己的狗窝。"由此可见，住房问题自古以来就是民生重大问题，关系着千家万户的基本生活保障。

社会在发展，人民在进步，城乡房屋保有量逐年增加，量大面广，涉及各行各业，情况复杂。而近年来，大量房屋老化，历史累积的安全隐患开始集中显现，安全管控缺失，形势日益严峻。那么为什么自建房存在的安全隐患如此之大呢？一是自建房结构安全存在"先天不足"。自建房由城乡居民自行建设，缺少专业设计、专业施工，房屋结构不合理，承载力和稳定性差。二是违规建设改造现象比较普遍。不少自建房擅自改变用途，违规用作经营，不断违规改造加盖、扩建装修，甚至拆改房屋主体结构，安全隐患严重。三是安全监管不到位。多数地方自建房安全监管体制机制不全，基层监管力量严重不足，审批和监管脱节，特别是对经营性自建房的监管缺失。而此次全社会对自建房安全排查整治工作的进行，在一定程度上遏制了此类事故的再次发生，促进了房屋建设良性发展，使得人民生活更加安全有保障。

透过现象看本质，我认为在中央出台关于自建房安全整治的举措，各地落实自建房安全排查工作的一系列过程中，我们国家和全社会人民面对突发事故的迅速反应，能够在短时间内针对相关情况提供解决方案，能够迅速完成排查整治工作。这体现了我国人民团结协作、不怕困难的精神。并且，我们能够从自建房事故中吸取教训，针对此类情况进行深刻反思，进一步发现其他方面的安全隐患，从而尽可能杜绝悲剧的发生。

通过此次实践活动，我从中知道困难并不可怕，任何时候我们都要有直面困难的勇气，积极应对各种情况，强大内心，遇强则更强。并且，我进一步明白了我们当代青年所肩负的时代责任，在今后我会继续积极参加社会实践活动，积极奉献社会，努力学习，以强大的专业知识能力，更好地服务社会，为建设和谐、幸福、美丽的中国特色社会主义现代化国家贡献力量。

红色思政类

传红色精神，思粮食安全，
助时代发展

2020 级口腔医学 3 班　韦美琪

　　在有关部门相继开展"重温红色历史、传承奋斗精神""走近大国重器、感受中国力量""体验美丽乡村、助力乡村振兴"等主题活动的大背景下，我们依托南充、自贡两地的红色资源，通过"寻、学、讲、答、行"等沉浸式学习方式，广泛开展红色研学实践活动，同时响应国家号召，投身健康中国行动，普及健康知识，在基层宣传健康文化，传承党史精神。"医心向党，礼献中华，夏车伊始，逐梦前行！"在响亮的口号声中，在刘夏瑜老师的带领下，我们"夏车伊始"队奔赴南充、自贡，开启"感恩之旅"。

　　此次实践活动，立足专业，内容丰富，产生了良好的社会效益，被中国网、中国青年网、中国共青团杂志、今日头条、新浪新闻、搜狐网、直播四川联盟、南充之声、自贡视窗等多家主流媒体报道。我作为我队秘书组成员，负责了大部分活动策划的撰写。在活动前期，我们深度考察了自贡的各种红色资源，了解了在党的领导下自贡的百年兴衰史，追忆红色文化踪迹。在活动过程中，我和我队成员深入实地考察、拜访老党员、对偏远地区群众开展义诊活动和健康知识普及活动。在这个过程中，通过和当地人民畅谈红色文化，探讨粮食安全，讨论当代社会问题，我深切地感受到了传承红色文化对时代发展的重要性、对一个城市发展的重要性。

一、览千年井盐文明，观非遗发展历程

　　团队来到了自贡市大安区阮家坝山下的燊海井，参观保留至今的制盐设备，我们充分感受到了当初井盐生产的繁荣景象。经此一行，我们充分

感受了先人的智慧和文明，以及一代代制盐人的辛勤耕耘与默默付出。随后我们来到自贡市盐业历史博物馆，对自贡井盐采制发展历程进行了解。队员们用心感受自贡盐业的发展与变迁，进一步了解井盐文化发展历史，更加深刻地体会到盐对于人类生产与生活的重要性，同时也就井盐文化创新与发展提出了相应的建议和思考，为推动自贡经济文化融合发展贡献青春力量。

二、铭记我党奋斗史，踔厉奋发新征程

祭奠英魂，感念党恩。在 2022 年 7 月 8 日 8：00，我们顶着明晃晃的太阳来到了四川省革命教育基地——江姐故居。在这里，我们跟着讲解员参观了江姐故居展厅。在讲解员的介绍下，看着馆内的真实场景，我仿佛真的亲眼看到江姐的英雄事迹一样，每一幕场景都一一在我眼前闪过，在场的我们无一例外都很严肃、很感动。我们永远无法真正对江姐的遭遇感同身受，但作为青年，我自知肩负着国家未来的重担，身处当代这个和平年代，更能感受江姐在那个艰难的年代依旧可以静下心来学习的可贵之处。宣先烈事迹，扬红色精神。我们青年一代通过了解江姐不平凡的人生历程，体会到老一辈革命先烈对于革命理想信念的坚守。通过重温红色遗迹，瞻仰英雄风采，聆听英雄故事，学习党史知识，更好地弘扬江姐精神品格，让更多的人在工作中坚定理想信念，不忘初心，砥砺前行。随后，队员们在江姐雕像前默哀，向为共产主义事业奋斗而英勇献身的伟大革命先烈致敬，并决心将江姐精神融入自己的血脉，从中汲取前进的力量。在此次参观学习活动后，队员们纷纷表示，在红色文化中接受精神洗礼的同时，更明确了传承红色基因是一场没有终点的接力赛。作为新时代的青年，应积极用自己的行动去传承民族优秀文化，做好红色文化守护者，踔厉奋发新征程。

三、心系桑榆，共颂党恩

为扎实开展"我为群众办实事"实践活动，树立敬老、爱老、助老的良好社会风尚，带给老人们最真挚的关爱与慰问，7 月 10 日，川北医学院"夏车伊始"党史教育理论宣讲队前往自贡市福申康疗养老公寓开展"心系桑榆，共颂党恩"主题志愿服务活动。为深入了解老人们的饮食起居和

身体状况，我们早早地抵达康疗养老公寓。在那里，我们陪老人们聊天，聊衣食起居，聊生活质量，聊社会福利，我们还给老人们捶背按摩，耐心地向老人们介绍了食疗等养生知识并开展了测血压、血糖等活动。老人们高度的赞扬使得队员们更加坚定了为医学事业奉献的决心。为老人们更好地感受青春活力，队伍精心准备了红色文艺汇演。队员们慷慨激昂地合唱《青春》等歌曲，手中飘扬的小红旗映射在老人们闪光的眸中。一位老人激动地说："青春啊，青春好哇！你们要趁年轻多为国家做些贡献。"其中还有一位老人是退休已久的老党员，曾在部队当兵多年。当我们跟他聊起党，谈及红色文化精神的时候，他本已浑浊的眼睛突然在一瞬间有了光亮，他激情澎湃，本来说话不利索的他说话也变得流畅了很多。他感叹着党的好，跟我们诉说没有党怎么会有我们现在美好的生活啊。他说："我们那个时候啊，特别艰苦，吃不饱穿不暖，我也没什么文化，但是我坚信跟着共产党走就是对的，于是这不就去当兵了嘛。你们这群小娃娃呀，是我们国家未来的接班人，一定要努力学习，为我们国家多做贡献！"后来，在爷爷、奶奶挥舞的双手中，我们离开了敬老院，但是那个爷爷的话却在我的脑海中重复了一遍又一遍……如今他们虽已不在祖国建设的一线，但正因为有这样的活动，使他们回到家乡仍能散发红色的光芒，教育新一代的年轻人，为祖国建设奉献自己，一辈子一心向党，为国为民。我深受感动，感受到了老一辈党员的坚定意志与党性觉悟，使我更加坚定不移地想加入中国共产党。作为一名正值青春年少的青年，我应该在努力学习更多知识的同时投入建设祖国的前线，更多地参加像此次"三下乡"活动一样促进祖国发展的活动，不辜负老一代人对我们的期望。

在自贡，我们走访了当地几户人家，深入了解了当地空巢老人的实际情况，聆听当地老党员的红色故事，以实际行动送温暖践行初心。我们聆听党员爷爷讲述革命故事和峥嵘岁月，与其话家常、聊心事、谈身体健康，并且针对当代粮食安全问题和红色文化精神话题进行了深入的探讨。

四、宣讲义诊医路行，温暖星灯耀未来

为促进全民健康，贯彻落实党的群众路线，我们立足专业，开展爱心义诊惠民生活动，用在学校学到的知识和能力为社会奉献出自己的光和热，展现了我们当代青年的精神风貌，真正做到便民、利民、惠民。我们

分别在自贡和南充两地为老人们量血压、测血糖，耐心地教给居民特别是老年人自我保健和自我预防的生活小妙招。同时，对于小朋友们，我们也进行了夏日防溺水知识、海姆立克急救法、创伤救护等知识和技能的讲解和普及。虽然奉献的仅是绵薄之力，但是我认为这是我们传承红色文化精神的最好体现。我们把从老一辈人那里传承来的红色文化精神，以自己学到的知识作为载体进行展现，奉献给社会。

为帮助自闭症儿童更好地融入社会，让更多的社会人士知晓、参与关爱这一类特殊儿童群体，我们又赴南充市康星儿童心理行为康复中心陪伴孩子们。滑滑梯、打乒乓球、跳蹦床、玩平衡杆、玩钓鱼游戏、荡秋千……我们陪伴孩子们玩了一整天。最后，活动在一张张布满欢乐笑容的合照中圆满结束。

五、传承红色精神，思考粮食安全

在我们这几日的"三下乡"活动过程中，很多人、很多事让我们领悟了很多红色文化精神。我们了解了当年他们生活的艰辛，学会了他们不怕吃苦的精神，习得了他们勤俭节约的优良品质。他们在粮食严重匮乏的年代，仍能够保持初心，将人性的美好发挥到极致。当代，我们在由前人铺好的道路上过着幸福的生活，理应感恩前人的馈赠，也应为后人做周全的考虑。

我们在与居民和老党员们的沟通交流中得知，对于我国的粮食安全问题，他们保持着绝对的信任。加之袁隆平爷爷杂交水稻的贡献，大家更是从不担心我国粮食安全问题。这个调查结果不免引起我们的深思，在国际形势较为严峻的当代，对粮食安全问题，我们到底应该如何看待？前不久，美国断供高性能芯片问题在国内引起了一阵波澜。仔细想一想，若是换成断供粮食，那么后果将如何呢？中国人口众多，而农田有限。自古以来，粮食安全都是国家安全的重要基础。俗语有云：手中有粮，心中不慌。基辛格也说过：谁控制了粮食谁就控制了全人类。而四大国际粮商，有三家是美国企业。虽说中国粮食安全问题没有近忧，但有远虑。近年来，疫情不断，大家对粮食问题的关注不断升温。我们身边浪费粮食的行为虽有所减少，但仍不可小觑。目前，我国农业人口大量老龄化，农业生产技术不发达，粮食生产过程中浪费掉的粮食不少。还有人口问题。我查了多种资料，都说中国的人口在 2040 年基本还保持在 14 亿人左右，到 2100 年依然会有超过 10 亿人口。虽然我们的粮食生产技术水平肯定也会提高许多，但还是任重而道远啊。

国家一直以来都非常重视粮食安全问题，也不断在完善中国农业生产体系。我希望我们不要觉得有袁隆平爷爷的杂交水稻在，一切就万事大吉了，浪费粮食也不为过了；相反，我们更应该重视和珍惜粮食，把老一辈人的红色文化精神、优良的中华传统美德传承下去。

六、自我总结

在本次"三下乡"实践活动过程中，从出发前搜集资料，了解当地的发展和红色文化资源，到着手写活动策划，到活动过程中对当地居民进行深入了解，再到活动后的自我总结，在每一张调查问卷中，在每一次文艺汇演中，在每一次爱心义诊中，在每一次访问居民活动中，都融入了我们对时代对社会的思考，我们能够站在更高的层次去考虑这些之前我们从来不会考虑的问题，收获颇多，感触颇深。而这里收获的种种将成为我们心中的宝藏，陪伴着我们走上未来之路。也希望大家能够与我共勉，重视国家粮食安全问题，传承红色文化精神，为共产主义事业添砖加瓦！

追寻红色踪迹，传承红色精神，践行红色誓言

2020 级麻醉学 4 班　陈红

作为当代大学生，仅仅只是掌握课堂上的书本知识是远远不够的，我们更需要积极投身实践去感受社会、服务社会、感恩社会，从中领会实践的意义，不断地完善自我。所以，我利用 2022 年暑期的时间去参加了社会实践活动。我们以团队的形式到宜宾市翠屏区开展实践活动。

一、探索红色文化，学习红色精神，散发青春朝气

习近平总书记指出："革命博物馆、纪念馆、党史馆、烈士陵园等是党和国家红色基因库。要讲好党的故事、革命的故事、根据地的故事、英雄和烈士的故事，加强革命传统教育、爱国主义教育、青少年思想道德教育，把红色基因传承好，确保红色江山永不变色。"[1] 我们此次的实践活动都是围绕红色文化展开的。活动分为两个部分，一个部分是去参观红色文化景点，感受红色文化精神，另一个部分是开展调研，调查当地红色文化旅游发展现状。

第一天，我们去参观赵一曼纪念馆，感受到了她的伟大，了解到了她一生的传奇经历。我们现在的美好生活，是无数像赵一曼同志这样的英雄先烈用鲜血换来的，他们把自己的生命置之度外，前赴后继，在这片满目疮痍而又热血燃烧的土地上，为祖国和人民而战，为中华之崛起而战。他们不负党的信任，用生命捍卫了党魂。我们应该向他们学习，努力学习，回馈社会。

---

① 习近平. 论中国共产党历史［M］. 北京：中央文献出版社，2021：111.

第二天，我们来到了"中国李庄文化抗战博物馆"。抗战时期，在李庄曾云集了中国当时的大师、学者们，他们在清贫匮乏之中坚持治学救国，奋笔书写报国情怀，取得了不少举世瞩目的学术成就。抚今追昔，"中国李庄"成了文化抗战的象征，昭示着中华民族在危难之际的慷慨大义、苦难之中的责任坚守、平常之中的家国情怀。

顶着酷暑，我们开展了第三天的调研。队员们分成几组到不同街道调研。步数在不断地增加，汗水在不断地流淌。在此期间，当然不会一帆风顺。我们小组4个小时只获取了10份问卷，严重打击了队员的信心和积极性。迈出第一步真的很难，当你迈出一步之后被拒绝你会觉得更难。沟通真的是一门艺术，不同的人需要不同的说话技巧。即使开学我就上大三了，但是人生经历的东西很少，很多时候会偏理想化，遇到问题时也会不断逃避。我非常喜欢一句话"假使世界原来不像你预期，也要报之以歌"。我们是青年，是最积极的社会力量，我们应当勇敢地站出来承担起自己的责任。青年应该有蓬勃朝气。

通过分析调查问卷，我们发现了宜宾市翠屏区在红色文化旅游产业发展过程中需要解决的一些问题，如缺乏人才要素支撑。一是管理人员较少且专业性较差，责任意识需加强。二是讲解宣传类人才缺失。我们在调查中发现，部分纪念馆讲解宣传类人才紧缺，大多数纪念馆以游客自行参观为主，部分游客可能体验感较差。人才培养上的缺失，很大程度上也限制了宜宾市翠屏区红色文化旅游产业的开发。其他地区也普遍存在这种问题，而当地应该积极解决这些问题。习近平总书记强调：让信仰之火熊熊不息，让红色基因融入血脉，让红色精神激发力量。在新的历史征程中，红色文化的发展必然促使红色旅游内涵更加丰富，形式更加多样，和人民美好生活的关联更加密切。红色文化是红色旅游的灵魂。红色文化既是对中华优秀传统文化的继承与发扬，也是指引中国特色社会主义文化前进的指南针，是中华民族伟大复兴的鲜明特色。

二、青春向党行，欢聚永兴村

义诊几乎是我校每个"三下乡"活动的必选项目，我们也是如此。而令我印象最深刻、最感动的也是我们的宣讲和义诊环节，特别是对于我们医学生来说，那更是一次精神的升华。在室外温度达40多摄氏度的高温下，宣讲人穿着白大褂在台上绘声绘色地讲着禁毒知识，台下的村民也能耐心地听我们宣讲，大家身上都冒着大汗，但我觉得这应该是幸福的汗水吧。在义诊时，村民们让我们感受到了"被需要"，让我们忘记了高温，甚至体会到了比气温更高的"温度"。爷爷、奶奶们握着我们的手，嘴里一直说着"谢谢"，他们总是用特别信任的眼神看着我们，这怎么会不令人动容呢？他们让我感受到了我们学的知识是有用的，是可以帮助到人的，这让不断怀疑自己的我又充满了信心，让我想起了自己的初心，让我明白了作为医学生应该承担什么样的责任。来参加义诊的基本都是老人，其实他们都知道自己身上或多或少会有一点小毛病，可是他们都舍不得花钱去看病，有一个老奶奶甚至觉得自己是儿女的负担。中国很多的父母都是这种付出型的，辛苦一辈子也不愿意为自己活一下。这应该是老一代人的缩影吧。

在这期间，我们也发现了不少问题。第一，缺乏医疗资源。本来村上是有血压仪的，但是唯一的一个都是坏的，其他的基本医疗设施也不完善。我认为医疗机构可以资助偏远地区一些医疗器械。第二，基本医疗知识宣传力度不够。当我们普及基本的急救知识时，村民的积极性还是很高的。他们平时缺少亲自动手操作的机会。对医保的宣传力度也不够。高血压是老年人常见的疾病，很多老人怕花钱就不去医院，但其实现在医保制度比较完善，去医院拿感冒药甚至只需要几块钱。所以要以一些老年人能够接受的方法来普及相关知识。第三，缺少陪伴。大部分的老年人是留守老人，家里面只有自己，老年人的孤独感特别强，他们需要的是陪伴。可以多组织一些文艺汇演，增加人们的幸福感和参与感。从另外一个方面来说，加强当地的发展，抓住机遇发展新兴产业，保障人们的生活，防止人口流失，才是最根本的方法。

我特别敬佩和感谢这里的村支部书记，村民们也特别热情。天气炎热，他们就骑着摩托车从各个地方搬来风扇。摩托车从各个方向朝着村支部办公点赶来，电影中的情景好像出现在了现实生活中。当我们询问这些老人的情况时，村支书也能很准确地回答出来。我们要向这些基层党员干部学习，学习他们全心全意为人民服务、真心实意为人民谋利益的无私奉献精神。可以发现，虽然他们所处地域不同，工作岗位不同，但相同的是他们都能够牢记党的宗旨，一心想着群众、一切为了群众，诚心诚意为群众谋利益。向优秀共产党员学习，就要学习他们的群众观念，始终把群众的利益放在自己的利益之上，始终把人民的利益作为共产党人做事的原则和出发点，真心实意为群众办实事、解难事。

最后一天的座谈会也令我印象深刻。本次座谈会是我们队伍和四川大学的一支队伍交流并汇报各队伍在永兴镇开展活动的情况，翠屏区团委书记跟我们一起进行交流。四川大学的同学们带我们了解了永兴镇的乡村振兴情况，村民们的热情给我们留下了深刻印象。"同学们可以想一下，怎么做才能让20年后的自己对现在的选择不后悔。""希望你们参加活动不仅仅是为了完成任务，你们要去感受整个过程，感受如何与人相处，明白如何解决问题。"团委书记对我们说的两句话令我印象深刻，感悟颇深。我也时常在思考到底怎样做才能让自己不后悔，我们当代大学生到底被赋予了什么样的责任。第二句话是此次"三下乡"活动的真谛，我们参加实践活动的意义也在于此，我们所获得的远远超过了活动本身。

习近平总书记在党的二十大报告中指出："青年强，则国家强。当代中国青年生逢其时，施展才干的舞台无比广阔，实现梦想的前景无比光明……广大青年要坚定不移听党话、跟党走，怀抱梦想又脚踏实地，敢想敢为又善作善成，立志做有理想、敢担当、能吃苦、肯奋斗的新时代好青年，让青春在全面建设社会主义现代化国家的火热实践中绽放绚丽之花。"[1] 奋斗是青春的底色，是青年人的本色。一个时代的精神是青年代表的精神，一个时代的性格是青年代表的性格。作为青年的我们要不断奋斗，不忘初心，为中华民族的伟大复兴做出贡献！

---

① 习近平. 高举中国特色社会主义伟大旗帜 为全面建设社会主义现代化国家而团结奋斗：在中国共产党第二十次全国代表大会上的报告 [M]. 北京：人民出版社，2022：71.

以书写"三小史"
促进"大党史"学习教育

川北医学院临床医学院赴眉山市仁寿县党史学习教育团

2022 年 7 月，夏日炎炎，风荷正举。川北医学院临床医学院赴眉山市仁寿县"薪尽火传，问道陵州"党史学习教育团，从嘉陵江畔含烟带月的丝绸之都南充，经过两百多千米的车程，来到"尧舜行德，则民仁寿"的古城仁寿。党史学习教育团全体成员以本次"三下乡"活动为主线，扎根整体、个体、实际三大层次，以区史、家史、卫生史三个"小史"为路径，进一步用实践促进"大党史"学习教育。这个暑假，我们一同喜迎党的二十大，永远跟党走，奋进新征程！

一、区史篇（县、乡、镇等）

仁寿县作为四川省的人口大县、经济强县，其在新中国成立以来的发展始终与党的发展息息相关，其县史本身就是对中国共产党成为国家执政党后管理地方、统筹发展历史过程的忠实记录。因此，党史学习教育团通过走访参观共青团仁寿县委、仁寿县档案馆、仁寿县黑龙滩镇、仁寿陶艺传习基地等地，学习了解仁寿县县史，进一步认识区史与党史的深刻关系，把"学史明理"摆在首位，进一步坚定为人民服务的理想信念。2022年 7 月 6 日，川北医学院临床医学院赴眉山市仁寿县"薪尽火传，问道陵州"党史学习教育团前往仁寿县档案馆，开展"学历史，悟新知"学习当地历史活动。讲解员为同学们讲解"走进仁寿"序篇和"仁寿风物""仁寿风光""仁寿风流""仁寿风情"四大篇章，队员们全面深刻地了解了仁寿的发展历程。讲解词中蕴藏着的丰富的历史文化内涵，展现了仁寿人民英勇奋斗的壮丽篇章，尤其是新中国成立以来仁寿这片大地上日新月异的变化。百年党史是一部密切联系人民群众的作风史，也是一部艰苦奋斗的发展史。在仁寿这座城市，孕育了黑龙滩精神、文宫枇杷精神等红色基因，其中最宝贵的是为民初心和斗争精神。仁寿广大党员干部以身作则，带头传承红色基因，赋能乡村振兴，促进全面腾飞。7月8日，实践队伍深入仁寿县黑龙滩镇基层党组织、村镇集市进行党史学习宣讲。为改变当时仁寿农业生产"旱涝从天"的被动局面，仁寿县政府于1970年开始进行黑龙滩水库修筑工程，共耗时15年，黑龙滩水库竣工，使仁寿县真正成了"水旱从人，不知饥馑"的天府之都。学子们通过深入黑龙滩镇与当地村民交流，学习了解村镇发展与中国共产党密不可分的关系，实践队员将中国共产党重要历史事件、习近平新时代中国特色社会主义思想结合当地厂史、村史、社史进行深入学习和全面宣传。青年学子决心努力学好党史、把握好机遇，弘扬红色精神，赓续红色血脉，传承红色基因，汲取红色力量，担当时代责任。7月10日，川北医学院学生到仁寿陶艺传习基地参观学习，仁寿陶艺传承人蔡中云老师以自身经历为主线，介绍了仁寿陶艺的由来、历史变迁和现状。蔡老师讲述的传承史，展现了仁寿县改革开放以来的发展史，囊括了生态文明建设史、经济发展史、传统文化振兴史。队员们在老师的指导下和泥、修坯，亲手体验陶器制作的乐趣，感受中华优秀传统文化的魅力。7月12日，党史学习教育团在仁寿县团县委会议室举行交流座谈暨授牌仪式，为推动仁寿医疗卫生事业发展，激发仁寿经济和社会活力贡献力量。雍俊书记对仁寿县基本县情进行了介绍，从历史溯源到今朝风流，交通的四通八达、产业的快速发展、农业的形式多元。仁寿县发展前景开阔，开放和谐包容，激发了广大青年的奉献热情，推动了社会力量的融合发展，加快了仁寿县医疗事业和卫生事业建设。此次活动的开展，有助于广大青年进一步了解仁寿，深入挖掘仁寿的社会活力，扩大"大美仁寿"的影响力和号召力，对于医学生的就业发展和职业生涯规划以及仁寿县的加速建设具有重要意义。

二、家史篇（家庭或家族）

一段历史的亲历者，是对于这段历史最具有发言权的人。费孝通先生曾言，一个家庭或家族，正是中国乡土社会基本社群的体现。家史可以真正反映中国乡土社会自新中国成立以来的历史变迁。家史是县史的基本组成部分，具有基石作用，同时，也是在个体层面对大党史的深入学习。因此，党史学习教育团成员深入仁寿县基层，走访当地老人，了解其鲜活的家史，其中有朴素的老农，也不乏优秀的老党员，使全体队员真正在了解家史中见证了党史的伟大光芒。2022年7月6日，队伍前往文林街道先农社区，有幸邀请到优秀退休党员干部辜玉文，他以亲身经历为"活教材"进行讲述。队员在采访中聆听老党员讲述自己的入党初心和入党心路：从小学到大专，他始终紧紧围绕在党中央的周围，在党的号召下，不惧艰险，成为一名为人民办实事的"老黄牛"。提到中国共产党员身份时，老党员辜老强调党员之要义是要具有先进性和责任感，起到先锋队和执旗人的模范带头作用。再者即是饮水思源，不忘党恩，要从历史中总结经验。实践队员们在老党员的带领下学党史、忆初心、感党恩，学习党员家史、村史，清楚认识中国共产党在其中发挥的重要作用。此次活动也体现了老党员对党的接班人的关爱与期盼，呼吁广大青年努力学习，躬行实践，紧跟党走，不忘初心。7月7日，实践队来到富加镇音堂村黄和平老爷爷家中拜访，探寻黄氏家史。他以明末清初的"湖广填四川"为开端，讲述了黄氏家族历经险难，迁徙至因战争创伤而人烟稀少、土地荒芜的古陵州——仁寿县，黄氏一族用勤劳的双手为建设仁寿做出了贡献。从新中国成立初期土地改革的"分土地"，到人民公社的"大锅饭"，从三大改造的"公私合营"，到改革开放的"市场经济"……黄氏家族以中国共产党为中心，步步紧跟党的领导，耕读为本，精忠爱国，孝道遗风，励志进取。如今的"小康社会"满足了物质需求，吃穿不愁。沧海桑田，鸿爪留痕。历史虽然渐渐离我们远去，但党史却在黄氏家族的家史里弹拨着实践队队员记忆的琴弦。党史让实践队队员牢记使命，不忘初心，在深深感恩前人的宏伟功绩的同时，不断把自己投身于建设祖国的滚滚洪流中。

三、卫生史篇

习近平总书记指出："疾病预防控制体系是保护人民健康、保障公共卫生安全、维护经济社会稳定的重要保障。"[①] 卫生史是县史不可或缺的组成部分，关乎人民生命健康，对医学高校学生而言更是有特殊的实践意义。作为医学高校的青年学生，本次"三下乡"实践队在仁寿县人民医

---

① 习近平. 习近平谈治国理政：第四卷［M］. 北京：外文出版社，2022：332.

院、仁寿县疾控中心、仁寿县第二人民医院、龙正镇人民医院等基层卫生系统单位，深入学习仁寿当地卫生系统的相关发展历史，并以充分实践，卫生下乡，反馈"大党史"的学习成果。

（一）调研病史明局势，共建卫生新风范

"三下乡"实践队前往仁寿县人民医院感染科、仁寿县疾控中心和龙正镇人民医院等卫生系统单位，开展血吸虫病和疫情相关走访调研，共同参与建设基层卫生新风范。血吸虫病是一种严重危害人类健康、降低人类生存质量的人畜共患传染病。仁寿县曾经是血吸虫病的重灾区。在党和政府的指导下，当地医疗系统依靠广大人民群众，深入开展血吸虫病防治战。2015 年，仁寿达到国家血吸虫病传播控制标准；2020 年，仁寿达到国家消除血吸虫病标准。如今，仁寿县血吸虫病防治工作已取得巨大成就。而在 2020 年疫情肆虐期间，仁寿县人民医院共收治 8 例疫病患者，8 例均在该院治愈出院。2022 年 7 月 7 日，在仁寿县人民医院感染疾病科，学习团有幸邀请到王曲偎主任，向我们详细地介绍血吸虫病的防治措施及仁寿当地的血吸虫病防治现状，让我们对血吸虫病的传播途径和感染源都有了深入的认识。随后，王主任重点向队员介绍了仁寿县人民医院救治的 8 例疫病患者的大致情况。7 月 8 日，川北医学院临床医学院赴眉山市仁寿县"薪尽火传，问道陵州"党史学习教育团在龙正镇花龙村血吸虫病防治站灭螺基地进行考察。调查组的队员们前往龙正镇人民医院，参观当地的血吸虫病防治史与技术以及方法，做好考察记录，随后跟随吴健和张勇金两位科长前往龙正镇花龙村降头坝深入考察龙正镇钉螺的消灭情况。两位科长顶着烈日带领队员实地夹取钉螺，并耐心讲解灭螺的药物、传染途径以及如何预防血吸虫病。队员实地采访当地灭螺队负责人邱爷爷，邱老讲述了血吸虫病在过去"绿水青山枉自多，华佗无奈小虫何"的悲惨情况，让当地居民本就穷困的生活更加动荡不安，也让队员们无比敬佩那些血吸虫病防治英雄们！在那个闻"虫"色变、人心惶惶的年代，他们不顾自身安危，听党指挥，团结一心，为消灭血吸虫病拼尽全力！7 月 11 日，"三下乡"实践队在仁寿县疾控中心参观，有幸邀请到曾任血吸虫病防治科科长的王勇老科长、杨凯科长及现任血吸虫病防治科科长瞿耀来三位老师。王勇老科长带领队员参观了疾控中心血吸虫病防治档案馆，带领我们一同回顾了几十年来仁寿县在血吸虫病防治工作中的艰辛付出。瞿耀来科长主持

座谈会，向队员详细介绍了仁寿县如今的血吸虫病防治政策。随后，疾控中心向队员们提供了近20年的血吸虫病防治数据，使得队员们更加了解仁寿县血吸虫病防治的全过程。在血吸虫病爆发的初期，人们缺乏应对机制、缺乏对该病的了解，使得疾病严重危害了广大农民的身体健康，极大地影响了农业生产。在党的正确带领下，从国家到地方，从卫健委到乡镇卫生院，中国卫生系统为打赢血吸虫病防治战付出了巨大的努力，每一个数据背后都是一个个疾控人的艰辛付出。

（二）基层卫生齐建设，共享未来大健康

在本次"三下乡"活动期间，党史学习教育团队员前往仁寿县基层卫生机构走访调研，如仁寿县第二人民医院、龙正镇人民医院等，深入了解当地基层卫生机构的发展需求，共同向"健康中国2030"目标奋斗不息。2022年7月7日，实践队在仁寿县第二人民医院参观学习。仁寿县第二人民医院雷院长热烈欢迎川北医学院学子的到来，并说明当前医院相关发展需求。随后队员分组观摩医院的负压手术间、妇产科手术间、重症医学科监护室以及呼吸和儿童科等科室，并参观已经投入使用的新住院大楼。队员们认真学习，真切感受，不仅为队员打下未来工作基础，更是点燃了服务群众的激情，坚定了扎根基层的决心。7月8日，实践队前往龙正镇人民医院参观学习。热情好客、尽职尽责的汪院长与医务科张科长向队员介绍医院目前的各项设施和医疗条件，并介绍了规划中的未来医院新院区的情况。汪院长表示，未来龙正镇人民医院定将继续扎根基层、服务百姓，助推国家大健康战略。

四、大党史教育实践篇

党的十九届六中全会指出："全党要坚持唯物史观和正确党史观，从党的百年奋斗中看清楚过去我们为什么能够成功，弄明白未来我们怎样才能继续成功，从而更加坚定、更加自觉地践行初心使命，在新时代更好坚持和发展中国特色社会主义。"[①]"大党史"是区史、家史、卫生史的总提纲、总遵循和总指导，"三下乡"就是要围绕这个主题，让红色记忆激发

---

① 中央党史和文献研究院.中国共产党第十九届中央委员会第六次全体会议文件汇编［G］.北京：人民出版社，2021：20-21.

为民情怀，让红色文化焕发时代光芒。

2022 年 7 月 6 日，党史学习教育团积极开展文林街道先农社区党史宣讲活动。队员向周边群众、团员、党员进行了详细的讲解，宣传讲解我党的伟大历程。

7 月 7 日，作为新时代的青年人，实践队谨记习近平总书记的嘱托，前往仁寿县红史馆、虞允文爱国主义教育基地、仁寿县烈士陵园、满井镇敬老院、普宁街道老年活动室等，以实践传承红色基因，赓续红色精神。

7 月 8 日，实践队深入虞允文爱国主义教育基地，传承红色基因，厚植爱国情怀。通过听取讲解员讲述，阅读墓碑文字，队员们了解到南宋宰相虞允文临危受命，以少胜多，取得采石战役大捷，使风雨飘摇的南宋得以暂时转危为安。其铮铮铁骨，赤子豪情，令中华儿女无不热泪盈眶。在墓旁更有延续至今 800 年的第 14 代守墓人，将对爱国将领的敬重之情延续。实践队员们始终保持高度的学习热情，在参观中深受触动。这次参观激发了队员们的爱国热情，认识到要牢固树立爱国主义思想，要着力培养爱国主义精神，牢记身为人民服务员的职责与担当，时刻将为人民服务铭记于心，不断加强自身素质修养。

7 月 9 日上午，实践队参观了仁寿县红史馆，开展"传承红色基因、担当时代重任"主题教育。在仁寿县红史馆中，近 80 高龄的志愿者讲解员李文君老师声情并茂地向参观者讲解红藏馆，川北医学院学子认真参观各种展板、实物，追随先辈奋斗的足迹，让广大青年深刻认识到老一辈热爱祖国、无私奉献的宝贵精神，领悟到先烈心忧天下、济世救民的豪情壮志。7 月 9 日下午，实践队伍联合仁寿县委政法委、县法学会开展活动，为满井镇养老服务中心老人们枯燥的夏日生活增添色彩。在养老服务中心，县法学会专职副会长、县法院立案庭庭长为老人讲解普及老年人权益保障法、民法典等相关知识，并结合案例开展防范养老诈骗宣传，提升老人法律知识和反诈意识。随后，"三下乡"队伍的学生进行党史宣讲和基本的夏季防暑知识，并进行了慢性病用药及健康指导。

7 月 11 日，川北医学院临床医学院赴眉山市仁寿县"薪尽火传，问道陵州"党史学习教育团在仁寿县普宁街道新民社区老年活动室举行党史社史交流会。队员们用鲜活事例宣讲一段段党史缩影，讲解红色文化和党史知识，深刻反映共产党人艰苦奋斗、不屈不挠的革命精神。在与老人互动的过程中，队员们不断激发老年人学习社史党史的兴趣，将红色元素融入交流会中，让爱党爱国的热情深入人心。在养老服务中心和老年活动室的交流，让党史学习教育团队员们见识到了基层老年人的老年生活状况和我国老年活动中心的发展历程，培养了我们的尊老、敬老、爱老意识，同时，党史学习教育团队员们从老年人的经历中看到了更加具体和更加生动的党史。党史的伟大之处，在于其是由无数人的历史组成的，与每个人都休戚相关，密不可分。党史教育团学习党史精神内核，在宣讲党史和了解党史之余，注重人文关怀，着眼于关怀仁寿当地老年群体，进行了义诊和健康知识宣传活动。

五、总结

川北医学院临床医学院赴眉山市仁寿县"薪尽火传，问道陵州"党史学习教育团以"三小史"为脉络，书写促进"大党史"的学习教育，从县史的整体层次、家史的个体层次和卫生史的特殊实际意义层次三个方面对"大党史"的教育学习进行逆向逻辑推理，思考"中国共产党为什么好""为什么相信中国共产党"等问题，能够更好地深入推进党史普及进乡村、党史学习进乡村、党史教育进乡村，联系了医学生身份，积极发挥了医学生在党史宣传中的特殊先锋作用。团队成员与当地居民一同回顾中国共产党成立以来当地翻天覆地的变化，不仅让村民们进一步加强了对党史的了解和学习，也让我们大学生在实践中很好地巩固了自身的理论知识，成功地做到学以致用、增长才干、实干实学，让大学生在学习生活中不断将"小我"融入祖国这个"大我"中，真正将爱国主义精神内化于心、外化于行。我们学习党史，实际上是在回望来时路，不忘出发的路，目的是走好前行的路。回溯中国共产党走过的百年，从"南湖红船"到"复兴号巨轮"，从"春天的故事"到"新时代华章"，生动记录了中国共产党100多年来波澜壮阔的创业史、奋斗史、发展史，是中国共产党带领全国各族人民谱写的一曲壮歌。而今，我们站在新的历史起点，肩负新的历史使命，回望党来时的道路，从中汲取丰富营养和无穷力量，奋进"十四五"、迈好新征程第一步，努力答好无愧于新时代的答卷。

发挥实践育人功能，
打造行走的思政课堂

2020 级临床医学 8 班　邱星锐

　　为了用实际行动迎接党的二十大胜利召开，在社会课堂中"受教育、长才干、做贡献"，我作为川北医学院青马（青年马克思主义者）班赴绵阳市梓潼县"青衿致远·青马潼行"社会实践理论宣讲队队长，在校团委老师的指导下，组织川北医学院青马班学员赴绵阳市梓潼县天星村开展了为期 7 天的"三下乡"社会实践活动。团队以"三下乡"活动为依托，结合青马班学员们的理论强项和医学生的专业特色，发挥实践育人的功能，着力将本次实践活动打造为"行走的思政课"。

　　团队创新式开展"1+N"个服务基层项目，以"喜迎二十大、永远跟党走、奋进新征程"主题理论宣讲为"1"个着力点，围绕乡村振兴、健康中国战略开展理论宣讲、助力疫情防控、走访调研等"N"个服务基层活动。队伍完成宣传视频 3 个，活动事迹被学习强国、中青网、今日头条、封面新闻等主流媒体宣传报道近 30 次，浏览量、转载量、评论量破万。同时团队获评 2022 年全国暑期"三下乡"社会实践优秀团队、2022 年四川省省级重点队伍，本次社会实践活动入围 2022 年"投身乡村振兴，助力健康中国"全国大学生暑期社会实践专项活动。

一、主要过程

（一）传承"两弹"精神，追寻红色记忆

　　薪火相传的革命精神，始终是激励广大青年不断前行的不竭动力。我队队员首先赴"两弹城"爱国主义教育基地，通过沉浸式参观，实地深入

感受，厚植爱党爱国情怀。队员们在讲解员的带领下依次参观了"两弹"历程馆、邓稼先旧居、"三防"教育体验馆等，通过一张张图片、一系列实物详细了解了邓稼先、王淦昌等老一辈科学家如何克服艰苦的环境条件，实现中国原子弹事业"从无到有"的转变，深刻体会到"两弹"精神的内涵。

（二）发挥医学特色，助力健康中国

在实践活动中，队员们发挥医学院校的专业优势，运用医学知识提升村民健康意识，增强群众防疫意识，助力健康中国建设。同时，队员们深入各家各户开展调研、普及急救知识、健康知识宣讲等项目，进一步提升农村居民健康意识；为小朋友们开展疫情防控小课堂，倡导小朋友们争做"防疫小卫士"，用实际行动提升防疫意识和技能。在梓潼县中医院开展疫情防控志愿服务，向就医群众发放健康知识宣传册，深入了解实现"健康中国2030"规划的重要作用，为健康中国战略贡献一份青春力量。

（三）宣讲分层分类，精神入脑入心

队员们以"喜迎党的二十大"为主题，针对不同的受众群体，开展小规模、互动式、接地气的宣讲活动10余场。在天星村对村民们进行党史知识、"三农"政策宣讲，引导村民们听党话、感党恩、跟党走；聚焦"不让一个学生因家庭经济困难而失学"，对村里的留守儿童和孩子们进行了国家资助政策宣讲；抓住"建团百年"契机，队员们同村里的青年团员们面对面宣讲，引领青少年们牢记领袖嘱托，勇担青春使命。

（四）助力乡村振兴，践行强国有我

在实践过程中，队员们赴梓潼县天星村进行实地调研。天星村是四川省乡村振兴示范村，通过培育大棚蔬菜，发展猕猴桃、草莓等种植基地，率先在全国乡村振兴中取得优异成绩。在参观过程中，队员们通过调研基层党组织、走访老党员、帮助干农活、做理论宣讲，深入总结党建引领下的乡村治理新模式、新经验、新方法，助力乡村振兴。

（五）手绘文化墙，扮靓新农村

队员们结合自身爱好与特长，邀请当地村民一起，利用天星村的空白墙面，采用彩绘的方式将空白的墙面变得兼具美感与内涵。在上色过程中，当地村民纷纷加入。当地的独居老人和队员共同上色；母子共同执笔，笑意盈盈，欢声笑语不断。文化墙将理论宣讲以群众喜闻乐见的方式呈现出来，送到乡亲们的面前，将艺术融入乡村文化生活，彰显出新时代乡村文化的时代内涵。

二、主要成果

（一）团队荣誉

团队获评全国暑期"三下乡"社会实践优秀团队、四川省省级重点队伍，本次社会实践活动入围"投身乡村振兴，助力健康中国"全国大学生暑期社会实践专项活动。

（二）科研调研

（1）走访梓潼县城及天星村总共 300 余户人家，完成了 50 余份访谈录（其中党员 25 份），收回调查问卷 600 余份；

（2）完成 2 项科研调查报告并发表论文《关于红色旅游景区对于人民生活水平与经济状况的影响研究——以绵阳梓潼县为例》《社会老龄化背景下城乡地区老年人对中医药养生的认知及态度差异化调研报告》。

（三）理论宣讲

团队共开展理论宣讲 10 余场，总共为 200 余名青年团员、140 余名党员、90 余名儿童及 70 余名村民带去了党史理论知识以及基本急救方法（海姆立克急救法、心肺复苏法、人工呼吸法）。

（四）特色成果

团队向天星村党群服务中心捐赠 100 余本课外书、300 余本笔记本、500 只印有队伍名称的文化口罩以及 500 个相关文创礼品，并在天星村村中一面约 60 平方米的空白墙上进行以乡村振兴为主题的手绘墙装饰。

（五）宣传成果

团队活动事迹被学习强国、中国青年网、中国共青团杂志官方微博等30 多家媒体报道宣传。其中被 5 个 A 类平台报道 10 余次；被南充青年、青春梓潼等 7 个 B 类平台报道 7 次；被梓潼县融媒体中心等 6 个 D 类媒体报道 10 次；被今日头条、网易新闻等 4 个资讯媒体报道 4 次。浏览量、转载量、评论量破万。

三、个人感悟

时光如电，岁月如梭，川北医学院青马班"青衿致远·青马潼行"社会实践理论宣讲团为期七天的活动圆满结束。

"三下乡"活动是一次很好的理论联系实际的机会，我们将在课堂中所学的马克思主义及其中国化的理论成果与我们服务基层的实际活动相结合，将马克思主义理论实践化，这极大地巩固和强化了自身理论素养，不断提升每次活动的质量。

此次活动极大地锻炼了个人能力。在整个活动中，出现了各式各样的问题和挫折，但我们在实践中不断地发现自身问题并予以修正，在逆境中永不放弃、永远奋斗、永远充满希望，活动中出现的每一个问题都是对我们队伍以及主要负责人的考验。但是当我们看到老一辈共产党人为理想信念而不惜一切代价奋斗的事迹时，我们就会再次充满信心和活力。

此次"三下乡"活动，首先让我懂得了"弘扬伟大建党精神，做有底气有骨气有志气的新时代中国青年"这一道理。我们要在比较中认定真理、确立理想。每一次在"三下乡"活动的挫折中，从彷徨徘徊到坚定自信的过程就是"坚持真理，坚守理想"的最好体现。其次我们要有"敢教日月换新天的骨气"，要自觉涵养不怕苦不怕累的品格，在"三下乡"活动中继承和弘扬伟大的建党精神，赓续红色血脉。最后我们要有"自信人生二百年的底气"。底气来源于中华五千年历史文化积累的底蕴，来源于我们所掌握的关键技术，我们必须要练就过硬本领和才干，加强对专业知识的学习，才能在如今的百年未有之大变局的形势下，担负起中华民族伟大复兴的历史使命和责任。

作为一名青年马克思主义学员，我将认真学习马克思主义理论，进一步坚定信念；作为一名医学生，我将学好书本知识，提升专业技能，积极参与志愿服务，让青春在全面建设中国特色社会主义现代化国家的火热实践中绽放绚丽之花！